中村好文　集《つど》いの建築、円《まど》いの空間

中村好文
集《つど》いの建築、円《まど》いの空間

雨宮秀也／写真

TOTO出版

もくじ

展覧会……225

まえがき

もうひとつの「抽斗《ひきだし》」

中村好文

自分から言い出したわけではありませんが、いつのころからか「住宅建築家」と呼ばれるようになりました。

というのも、ぼくが「学生時代に住宅設計をライフワークにしたいと思った」と書いたり「住宅設計と家具デザインが仕事の両輪です」と喋ったりしてきたのですから無理からぬことです。それはそれでいいのですが、あらためてこれまでの自分の仕事の足どりを振り返ってみると、住宅以外の仕事をやらなかったわけではなく、かなりの数を手がけてきたことに思いあたります。飲食店なら、フランス料理店、イタリア料理店、蕎麦屋、カフェ……そうそう、バーも設計しました。店舗なら和菓子屋、お米屋、八百屋、パン屋をやり、ブティックもやりました。ギャラリーも設計しました、神社の参集殿を手がけたこともあります。少し規模の大きなものなら「伊丹十三記念館」のようなミュージアムも設計しました。

そんなわけで、指折り数えながら、自分でも「なあんだ、ずいぶん沢山やってるじゃないか」と思わないわけにはいきません。そして、そう思いつつ同時に頭に浮かぶのは、そうした住宅以外の仕事をぼく自身が心から愉しんでいたことです。

そしてその愉しさの中身は大雑把にいうと、ふたつあったように思います。

ひとつは、住宅と違って不特定多数の人を建物の内部に招き入れ、その居心地、使い勝手を味わってもらえること。そして、細部に至るまでまるごと見てもらい、建築空間に漂う気配と匂いを感じてもらえることです。

ぼくは、いわゆる写真映りを意識して設計するタイプではないので、写真を見ても「おおー、これはこれは……。」と感心してくれる人は少ないのですが、実際に建物の内部に足を踏み入れてくれた人が、肩肘張らない空気感や建物を支えるディテールなどに「好文らしさ」あるいは「好文好み」を感じてくれることは、ままあるようです。そして、そうした機会を住宅のクライアントだけでなく一般の人にももってもらえることは、ぼくとしては建築家冥利に尽きることなのです。

もうひとつは、住宅を設計しているときは絶対に思い浮かばないアイデアや思考法が自分の頭の中にあったことを発見することです。さらに、それを実現する伎倆《ぎりょう》が自分の抽斗《ひきだし》の奥にあったことに気づくことです。わかりやすく言えば「あ、ぼくにもできるじゃないか！」と、こう思うわけですね。

たとえば、「伊丹十三記念館」の展示ブースのデザインをしていたときに、次から次に思い浮かんだアイデアの数々。そしてそれを具現化する際に駆使した知恵と経験とテクニックは「伊丹十三記念館」を設計する機会なくしては日の目を見ることはなかったと思います。また、たとえば京田辺のレストラン「RUSTIQUE」の店名が思い浮かぶまで、ああでもない、こうでもないと呻吟したことや、デザイナーと額《ひたい》を付き合わせて、「捨てるに忍びない」と思わせる紙のランチョンマットを創案したことなど、頭の中に抽斗があるとすれば、それは、住宅設計で日常的に使う「抽斗」とは別の、もうひとつの「抽斗」の中の出来事でした。

この本のページからそうした設計の舞台裏まで読み取っていただくことは不可能ですが、掲載した作品のすべてが、住宅設計に明け暮れるぼくに建築の新たな地平を示唆してくれ、眠っていた建築家としての可能性を汲み上げてくれた仕事だったことを感じていただけたら幸いです。

寄稿文

建物の記憶

松家仁之

中村好文さんの建築をはじめて知ったのは、もう三十年以上も前のことである。建築雑誌をぱらぱらとめくっていると、目にとびこんできた住宅があった。中村さんがレミングハウスを設立して数年後の作品、「三谷さんの家」である。

長野県松本市に建てられた家は杉板の下見張りで、どこがどうと説明するのはむずかしいけれど、懐かしい記憶がよみがえる外見をしていた。たとえば昔の小学校の木造校舎や、アメリカ東部に残るシェーカー教徒の建物を連想させる、質実で清潔感のある佇まい。人でいえば、「じっと黙っているが、考えかたも方針もある」という顔つきをしていた。一九八〇年代なかば、建築雑誌ではコンクリート打ち放しがあたかも標準仕様の勢いだったから、この普通の感じはいったいなんだろう、とページをめくる指先がとまった。

室内写真を見ると、障子も使われているのに「いかにも和風」ではない。どうみてもモダンである。モダンとはいえ、形象やイメージが先行する抽象的モダンではない。日々の暮らしの使い勝手をどう整えるかという実用的モダン。

そのいっぽうで、そこここに目をひく空間やディテールがあった。たとえば「入込暖炉《イングルヌック》」。この名称じたい、「三谷さんの家」ではじめて知った。列車のコンパートメントのような暖炉空間、といえばいいだろうか。室内にもうひとつ、暖炉を軸に向きあってくつろぐ小さな室内が、入れ子のように設えてある。底冷えのする夜、ここで過ごす時間はどんなだろうと想像がふくらむ。

ダイニングルームの壁と壁が直角にまじわるコーナーにはめこまれたガラス窓と、その部分に障子がおさまる仕組み。その窓際に座れば目の前にテーブル、上を見あげれば二階へのびる吹き抜けになっていて、二階の子供部屋の襖を開けるとダイニングルームを見おろすことができ、手を伸ばせばヨット用のステンレスワイヤー製の物干しが張られている。寒い雨の日も雪の日も、一階から吹き抜けにあがってくる暖気で洗濯物が乾く、という仕組みなのだが、これを説明する断面図が手描きのイラストレーションなのである。クールな建築雑誌の誌面としては、異例のレイアウトだった。手テーブルなどオリジナルの家具も、設計された空間にしっくりおさまっている。手のふれる引き戸や手すりのかたちもきれいだ。あらゆるディテールが、使い勝手を考え工夫されている。久しく見たことのない日用の美しさを感じた。

自作についての解説文も、平易なことばだけでのびのびと書かれている。

「三谷さんの家」は、のちに吉岡賞を受賞することになった。選考委員の村松貞次郎さんは、受賞作を「群鷺のなかの白色レグホン」と評した。小柄な白色レグホンは餌をこつこつと無心についばみ、ころんとした卵を産む。割ってみれば、はち切れんばかりの丸いつやつやした黄身が浮かぶ。白色レグホンは甘美な歌を歌う必要もなければ、優雅に羽根をひろげ大空を滑空する必要もない。中村さんの建築を白色レグホンに喩えたのは卓見で、的を射た比喩だったとおもう。

以来、「中村好文」の名前をたよりに掲載誌をさがすようになった。ときおり発表されるあらたな住宅を見ても、はっきりとスタイルがある。かといって、依頼主にスタイルをゴリ押しするのでもなさそうだ。一軒一軒の表情のなかに依頼主とのやりとりが反映されていると感じられる個性がある。解説文を読めば、依頼主とのやりとりも積極的に書かれている。「建築作品」というより、「××さんの家」なのだ。

誌面に線画のイラストレーションと手書きの文字が添えられるのも恒例だった。おだやかなユーモアを感じる文章のトーンもふくめて、「ひょっとすると……」と、わたしなりの見立て、ある想像がふくらむようになった。

くだくだしいことは省略するが、ほどなく中村さんと会うことになり、建築家と依頼主の関係になった。のちには、書き手と担当編集者（わたし）の関係にもなった。直接やりとりするようになると、ささやかな疑問はあっさり氷解した。

中村さんはたいへんな読書家であった。なかでもエッセイの書き手としての伊丹十三の熱烈といっていいファンであった。わたしも中学生のころから、本の小口に指の跡がつくほど伊丹十三の本を繰りかえし読んできたから、同好の士がお互いをそれと知るのに多くの時間はいらなかった。中村さんの文章やイラストレーションにうっすら感じていた伊丹十三の影響は、やはりわたしだけの思いこみではなかった。

ここで伊丹十三論を展開する紙幅はない。けれども、中村さんの建築の軸にあるものを考えるひとつの補助線になるのではとおもうので、急ぎ足で書いておきたい。

――衣食住のスタイルは、その人の生きかた、考えかたと表裏一体である。つまり、頭のなかやこころの内側をわざわざ覗かなくても、衣食住の様子を見れば、ある程度はわかってしまう。ヨーロッパの衣食住に見られるかたちやスタイルを美しいと感じるとき、わたしたちは同時に、長い歴史のなかで培われてきたヨーロッパの知恵や文化を見ている。しかし日本は、目新しい外国の衣食住を半ば無批判にとりいれようとしたため、誤解による恥ずべき間違いもある。そもそも日本人には似あわないものもある。だからただ鵜呑みにして手本にするのは愚かな話だ――思い切ってつづめて言えば、伊丹十三はそのように考える人であった。

衣食住から子育て、男女問題から精神分析まで、真の意味で彼ほど啓蒙的であった書き手はいない。しかも、伊丹十三の書くものはつねに具体的だった。自分の生活のうえで気になったことを、あらためて考え、調べ、発見し、みずから実践してみたうえで、書く。おいしいオムレツやおいしいスパゲティには正しいレシピがあり、スパゲティの食べかたや寿司屋のカウンターでの作法にも、正しいふるまいがある――伊丹十三はユーモアのある断固とした文章とイラストレーションで、それらをわたしたちに伝えたのだ。

そしてこのような考えかたの道筋と、どこか二重写しになるように、「建築とはなにか」「住まいとはなにか」「暮らしとはなにか」について、住まいの歴史をふまえながら、実践的に考えてきたのが中村好文という建築家である、とおもう。

出会ってから二十年あまりの時が流れ、伊丹十三記念館の構想がもちあがった。中村さんは建築家として、わたしは編集者として、その立案メンバーに加わることになった。このいきさつも省略するほかないが、世の中には、長いあいだの思いが通じ、実現することもあるのだという、感慨深い、忘れがたいなりゆきだった。

そして、伊丹十三記念館は竣工した。誰もが利用することが可能な公共性のある建築物、空間として――本書はそうした仕事ばかりを集めたものであるわけだが――中村さんの代表作のひとつになったとわたしは考えている。

ご承知のとおり、中村好文設計の建築は個人住宅が多い。衣食住のすべてを包みこむ器としての建築物を設計することに長けた人に、吸い寄せられるように依頼が舞いこんできた結果である。ただ、個人の住宅は、本や雑誌で見ることはできても、よほどのことがないかぎり、あがりこんで見せてもらうわけにはいかない。

しかし、本書に収録された建築物は、一部の例外を除いて、訪ねてゆくことができる。泊まることのできるホテルもある。中村好文の建築とはなにかを具体的に知るのには、最適の場所ばかりである。

建築家志望の学生なら、カメラとメモ帳片手に、ということになるかもしれない。

しかし、である。すでにこの本があるのだから、カメラやメモ帳を持たない単なるお客さんとして訪ねてみてはどうだろう。自分の五感を総動員して建物に近づき、お客さんとしてなかに入る。展示されているもの、売られているものをじっくり見る。建築物を見学にきたのだということを脇におく。椅子のある空間なら、まず座ってみる。座ってこそ見えてくる光景もあるだろう。ショップがあれば、ひとつでも気に入ったものを手にとり、会計に足をはこぶ。来客として動いてはじめて気づく小さな発見があるかもしれない。中村さんの設計は、実用的な場面や動きのなかで隠れた実力を発揮する。使えばわかるという意味でも、トイレ、洗面所にはいってみることもどうかお忘れなく。

そうこうするうちに、「依頼主は中村さんの設計になにを求めていたのだろう」という肝心なことについて想像がおよびはじめるはずだ。あなたがいまいるその場所は、依頼主が望んだなにかへの、具体的な答えなのだから。

秋が深まるころ、札幌からクルマで二時間あまりの真狩村にあるパン屋「ブーランジェリー・ジン」に着いた。昼すぎの駐車場は先着のクルマでいっぱいだった。ドアをあけて入ると、香ばしい甘いかおりが満ちていた。裏手にある薪窯で焼かれたばかりのパンがこじんまりしたカウンターに並ぶ。すでに売れ切れたパンもある。

薪窯の作業場を見せてもらった。パリですらもはやほとんど使われていないらしい鋳物製の薪窯の開口部が、機関車の機関室のように黒光りしている。炎を抱えこむという意味では同じだから、似たようなつくりになるのだろう。ご主人がこの作業場ですべてのパンを焼いている。どこか鄙びた礼拝堂のような雰囲気とあいまって、ひたむきに働く姿が、祈りにも似たものとしておもい浮かぶ。

隣の部屋に移ると、薪窯のちょうど真上に設えられた中二階に、プライヴェートな小さな部屋がある。古い北欧のオーディオと古いジャズのレコードが無造作にポンと置かれてあった。余熱でぬくぬくするなかに座りこんでジャズを聴いているうち、発酵するパン種になったように眠くなる。ここでジャズを聴きながら仕事を終えた疲れをじんわりほぐす。ほんのわずかな瞬間「パン屋としてのわが人生」を夢想する。

薪窯で発生する熱は、以前使用していた古い薪窯小屋を改造し、ゲストハウス兼書斎にした小屋の床下にまで届くようになっていた。水道もトイレもない、アラスカの最小単位の小屋「ドライ・キャビン」、あるいはサウナ、あるいは茶室のようでもある。突き当たりの壁は本棚で、すでに本がぎっしり。パン屋の主人が読書好きだと一目瞭然である。背表紙に並ぶタイトルを眺めていると、これだけ揃っていれば一週間滞在しても飽きないとおもう。なにしろ毎日、焼きたてのパンもある。帰途、秋深まる北海道の景色を見ながらの車内は、パンの包みのこうばしい香りでいっぱいだった。

京都の古い町家を改築した漆器の店、「ギャラリーやなせ」も店舗兼住宅である。昔からの路地をじっと見守る猫のような佇まいだから、見落としてしまいそうだ。不特定多数のお客さんに声をかけ手招きし、ひっぱりこむつもりなど毛頭ない店の表情。かといって、外から店内の様子はガラス越しによく見えるから、「一見さんお断り」の閉鎖性はない。来客が落ち着いて時間をかけ、漆器を見ることのできる雰囲気。

入った左手奥にある座敷にもあがらせてもらった。町家時代に使われていた古い引き戸は、改築の際に部屋の天井高を変えたので寸足らずになるのを、足りない部分は相性のいい部材で接いで使っていた。自宅部分の廊下は、木肌がうっすらと透ける漆塗り。改築には、古い家へのさりげない敬意が払われている。

帰り際に店を振り返ったとき、パン屋も漆器の店も、十年、二十年前からそこにあるかのように見えた。まわりの土地や風景、家並み、吹きぬけてゆく風や夕暮れどきの日差しに馴染んでいる。よほど建築が好きな人でないかぎり、中村さんの設計だと気づかずに通りすぎてしまうだろう。それでもいっこうにかまわない、いや、そのようでありたい、と望んで設計されたのかもしれない。

中村さんは小津安二郎の映画について、著作のなかで何度も触れている。先日わたしは、デジタル修復された小津安二郎監督の「紀子三部作」をたてつづけに見た。原節子主演の「晩春」「麦秋」「東京物語」である。今回の驚きはなんであったか。

三部作のすべてにあまりにも色濃く、終わった戦争の影が落ちていることだった。当たり前のことを言うなと叱られるかもしれない。時代的、必然的背景として戦後の日本がでてくるのは、あくまで紀子の心情をひきだす設定としてであり、それ以上でもそれ以下でもない、とこれまでは理解していた。しかし映画に描かれる紀子の外側の世界は、戦後数年しか経っていないのにもかかわらず、「戦争？　もう済んだ話だろう」という顔つきをして、あきらかに高度経済成長の入り口に立っている。この落差、断層に気づいていなかった。「あたくし狡いんです」という紀子の有名なセリフは、同時に戦後日本の自画像的なつぶやきでもある、と気づいていなかった。

そんな日常を生きる登場人物たちを描こうとする映画の主たる舞台に、戦争を経て、焼け落ちることのなかった古い日本家屋が選ばれている。三部作は、紀子＝原節子の住む家が、物言わぬ主役でもある。無機物であるはずの家が、ことばに置きかえがたい感動を、わたしたちの深いところからひきだしてゆく。この見えていたはずなのに、見えていなかったことに、わたしの目がはじめて反応したのだ。

カメラのアングルは数カ所に固定されている。たとえば原節子が階段をのぼりおりする動きは、階段そのものすら見せず、のぼりおりする姿を見せない。

小津映画の日本家屋について、中村さんはこんな発言をしている。

「僕は小津安二郎の映画が好きでよく見るんですが、『晩春』『麦秋』も晩年の『秋刀魚の味』も、小津映画に出てくる住宅の1階部分は間取り、動線ともにとてもいい感じなんだけど、原節子や岩下志麻がいる2階の部屋のシーンになると途端に違和感を覚えてしまう。体に合わない服を着ているみたいな、要するに登場人物が部屋をうまく着こなせていない気がする」（「芸術新潮」二〇〇〇年九月号）

一階は畳の部屋で、ものを書くのも食事をするのもそのまま座りこむスタイルだ。二階は娘の部屋で、椅子に座る設定になっている。洋風の暮らしが戦後まもない空間に描かれているのである。当時の観客、たとえば原節子や岩下志麻までの世代の女性たちは、二階の部屋の佇まいをうらやましく見たのではないか。

この日本家屋は物語が進行しても、ほとんど変化を見せない。見せないからこそ、時間の経過によって紀子の境遇に変化が起こると、おそろしいほどがらんとした寂しい抜け殻になる。建築物は、人が住み、暮らし、使うことによって、忘れがたい記憶を刻んでゆく。小津安二郎はカメラを固定することで、時間の流れがもたらす空間の意味の変容を、静かにひっそりと、残酷なまでに見せるのだ。小津映画における家屋は、ほとんど生きもののようだとおもう。

現在は過去からの時間のつらなりのうえにあり、建築物は人の記憶をささえ、保ち、ささやきかけてくる装置である。わたしたちは、未来が前倒しで現れたような、新奇で真新しい空間に興奮する。しかしそれは、ハレとケでいえばハレの部分である。ハレだけが身のまわりを占めたら、わたしたちは落ち着きを失い、身のおきどころをなくすだろう。中村さんの建築が際立つのは、過去の記憶をよびさまし、そのうえで現在を更新する、過去と現在のあいだの行き来が見られるときなのではないかとおもう。本書に収録されている公共性のある建築物に、依頼主の、あるいは場所の、時代の記憶の痕跡を見いだすのは、たのしく、こころ動く瞬間である。公共性のある場のデザインが、未来志向で塗りかためられて、一切の過去、記憶の痕跡が払拭されてしまったら、わたしたちはなにに依って立つのだろう、とおもう。

中村さんが好んで使う暖簾《のれん》。薪ストーブ、あるいは窯、三和土や土壁といったディテールや仕様は、未来を先取りする機能とは反対の場所にある。われわれ人間が長い時間のうえで培ってきたそれらのものは、忘れがちな過去の記憶との親密なやりとりをうながす道具であるばかりでなく、無言のままなにかを湛えた知恵の集積でもある。紀子＝原節子が、笠智衆、東山千栄子の演ずる義理の両親をいたわり、もてなすとき、おもいがけないことばをかけられるように、忘れがちな過去から与えられるものは、漠然とした未来のイメージが喚起するものより、はるかにおおきい。

小津安二郎の映画から半世紀あまりが過ぎ、もはや畳のうえに座る暮らしを知る人は少数派になりかけている。二階の椅子ですごす原節子の部屋が「着こなせる」ようになったはずの時代に、わたしたちは生きている。どうすれば、部屋を着こなすことができるのか。中村好文の設計は、このような過去と現在の対話のうえになりたっている作業ではないのか。

もうひとつ加えて書いておきたいのは、その作業の欠かせざるパートナーが家具職人たちであり、そのことを誰よりも中村さんがいちばんよくわかっている、ということである。

建築空間内での人の動きをおもい描けば、人との空間との具体的な接点は、テーブルや椅子、階段の手すり、などにあることは、これも小津安二郎の映画を注意深く見れば、はっきりと浮かびあがってくることである。それほど、家具がはたす役割はおおきい。

戦後から高度経済成長の流れのなかで、家具は職人の手から次第に離れて、同じ規格で複製される工業製品として、できるかぎり人手をかけずに生産されるようになった。しかし、「着こなしのできる部屋」にするからには、誰がどのように日常をおくるのかを、くりかえされる動作とともに個別に考える必要があるだろう。であれば、家具もふくめて設計するのが設計者として当然の役割であるはずだ。阿部繁文、加藤治、横山浩司、奥田忠彦、金澤知之といった長年のパートナーである家具職人の手を借りて、台所や玄関収納などの造作家具をはじめ、オリジナルにデザインされた椅子やテーブル、箪笥、本棚、手すり、あるいは薪ストーブなどの仕事が、空間の意味あいを、どれだけ親密なものに変えているか。これもまた、本書に登場する場所に足を運んで、実際にふれてみて、感じていただきたいことである。

最後に、「来たるべき依頼主」が現れることを願って、書いておくことにする。中村好文設計による公共的建築物で、わたしがぜひ見てみたいもの——について。まず、小学校。個人的な話で恐縮だが、わたしはあまり学校にいい思い出がない。それは数十人を一単位にまとめて教育するというシステムにどうしても馴染めないへそ曲がりの少年の個人的経験にすぎないのかもしれない。が、あの建物に行きたい、と思わせるなにかが、少なくともわたしの通っていた学校には欠けていた気がする。

たったひとつ、マイナスではない記憶は、校庭の西のはずれにあった独立した木造の平屋建ての図書館である。いま本にまつわる仕事に就いているのも、さかのぼればあの小学校の図書館のおかげかもしれないとおもう。中村さんの設計のディテールにおける、本棚、書庫についてのこだわりのつよさを考えると、不特定多数の利用者のある図書館の設計をまかせてみたら、どんなものになるだろうと胸がたかなる。

もうすでに依頼主は腰をあげようとしているかもしれない。わたしはその日がくることをこころ待ちにしている。

ミュージアム

「住宅以外で設計してみたい建物は？」と訊かれたら、右の手のひらをひろげて親指から順に指を折りつつ「美術館・博物館」でしょ、「図書館」でしょ、「教会と修道院」でしょ、と応えます。それから薬指を折って「小規模な宿泊施設」、小指が「アトリエ・工房」。左手に移って親指から「飲食店」、「保育園」、「医院」、「葬祭場・火葬場」ときて、最後の小指が「灯台」です。

「では設計したくない建築は？」と訊かれたら、間髪を入れず右手の親指を下に向けて「原発施設！」と応えるでしょう。

設計してみたい建物の一番目に「美術館と博物館」、すなわち「ミュージアム」を挙げましたが、このミュージアム建築が他の建築とちょっと様子が違うのは、人はそこに「行ってもいいし、行かなくてもいい」ことだと思います。つまり建築として切羽詰まった感じがなく、どことなくユルイ感じがするところにぼくは惹かれます。

それでいて、建築家の精神《エスプリ》が一番色濃く、そして正直に宿るのがミュージアム建築だと思うのです。

伊丹十三記念館

記念館のファサードを真正面から見る。外壁の焼き杉板は幅と厚みの異なる5種類の板をランダムに張り、陽射しの角度によって建物の表情に変化をもたらすようにしている。左手に見える小屋はガレージ。外構と植栽のデザインは中谷耿一郎《こういちろう》さんによる。

入口ホールには受付カウンターとミュージアムショップのコーナーがある。左手に中庭を巡る回廊が見える。
左頁／中庭には伊丹十三、宮本信子のおしどり夫妻ぶりをシンボリックに表現する柱の双樹が植えられている。春には庭草の中にタンポポの花が咲く。

常設展示室に入ると伊丹十三の写真パネルが「やあ、いらっしゃい」と出迎えてくれる。左頁／常設展示室の展示ブースは13あり、漢数字で、一、二、三……十三、とナンバリングされている。一の少年時代の展示から始まって、映画監督・伊丹「十三」の展示で終わる趣向。

六
イラス

七
料理通

常設展示室のための断面スケッチ。展示ブースの裏側から点検と展示替えができる作業用の通路を設けた。展示ブースの上は年譜用の照明器具取り替えのための通路となる。
左頁上／イラストレーション展示のためのアイデアスケッチ。布に印刷したイラストを手で回しながら見る方式。ほぼこのスケッチどおりにでき上がった。
左頁下／収蔵しつつ展示できる「収蔵展示室」のアイデアスケッチ。

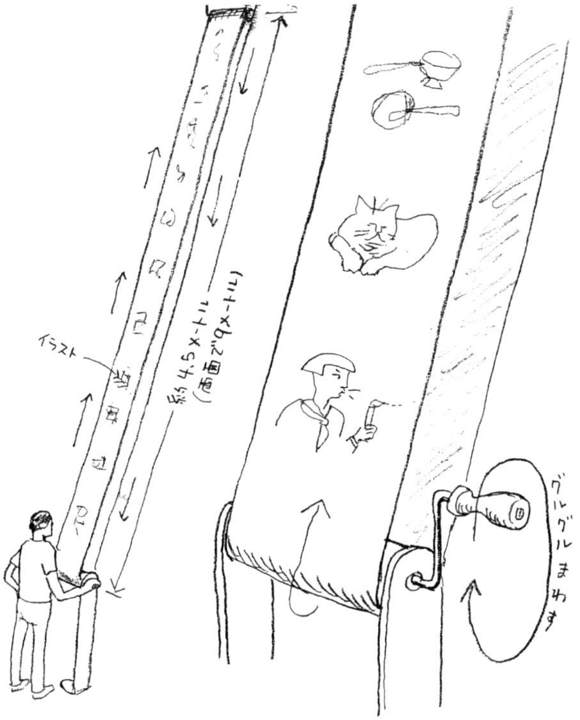

六 イラストレーターコーナーの展示案

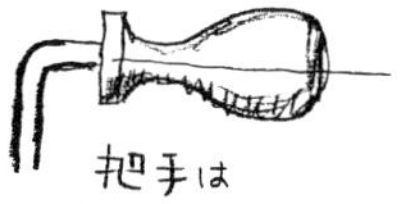

把手は
蓄音器のイラストと
同じ形にする
(伊丹十三の)

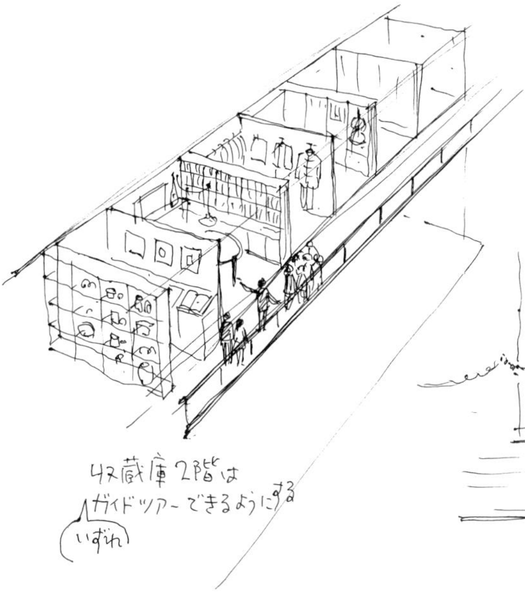

収蔵庫2階は
ガイドツアーできるようにする
(いずれ)

ロマネスクの修道院建築にある回廊と中庭は
長年にわたるぼくの憧れのまとだった。念願
叶って、ここではその回廊と中庭を実現する
ことができた。
左頁／中庭と回廊を見渡すカフェ・タンポポ。
メニューには伊丹十三が好きだったシャンペ
ンのほかに、十三饅頭や記念館の建物を模し
た記念館オリジナルのチョコレートケーキが
ある。

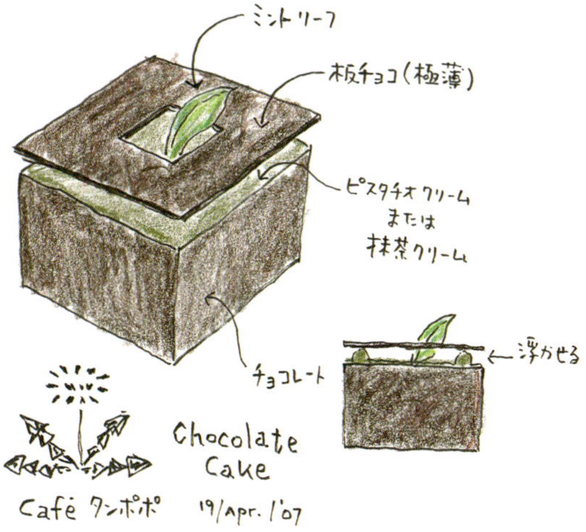
ミントリーフ
板チョコ(極薄)
ピスタチオクリーム
または
抹茶クリーム
チョコレート
浮かせる
Chocolate
Cake
Café タンポポ
19/apr. 1'07

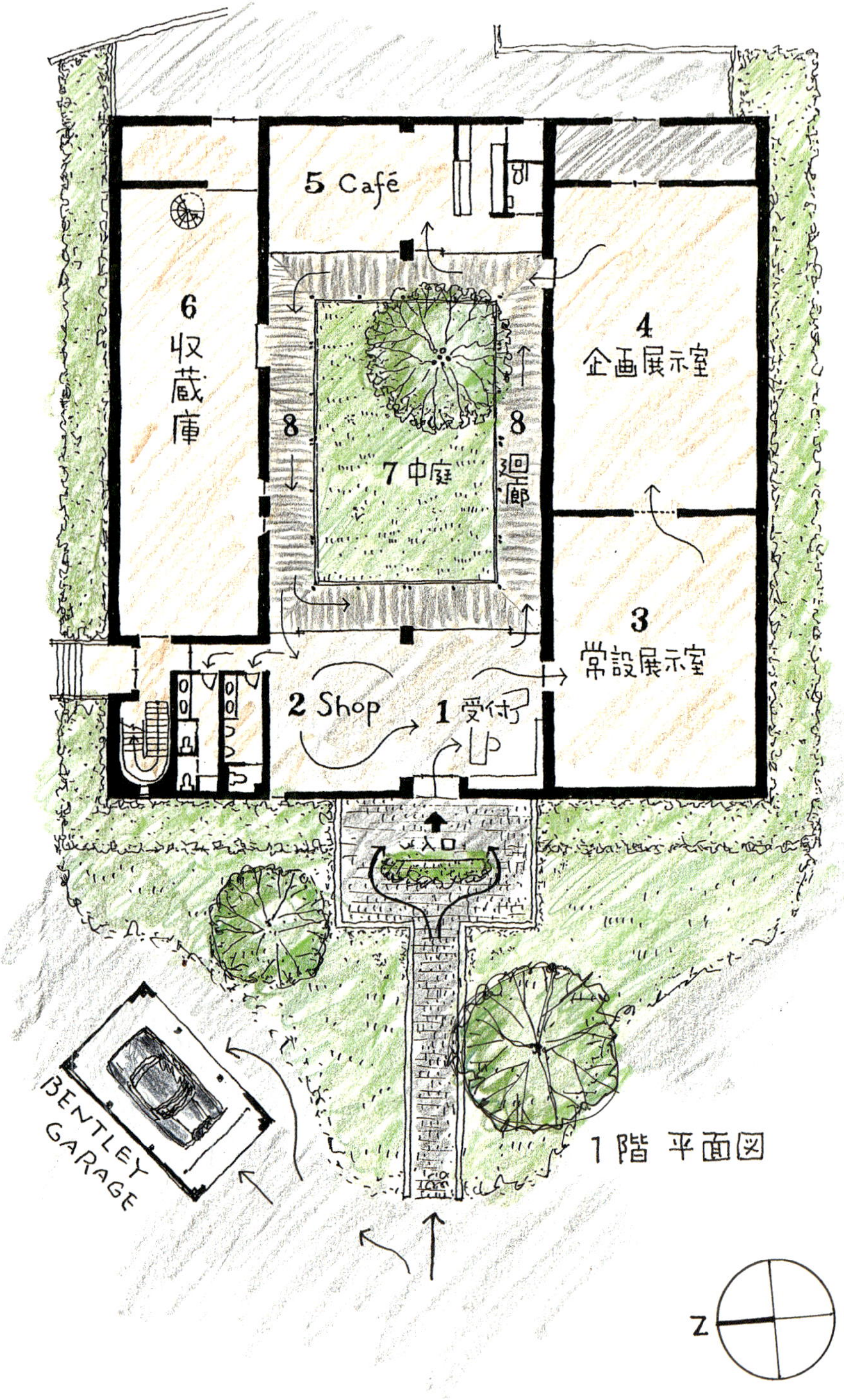
5 Café
6
収蔵庫
4
企画展示室
8
8
廻廊
7 中庭
3
常設展示室
2 Shop
1 受付
入口
BENTLEY GARAGE
1階 平面図
N

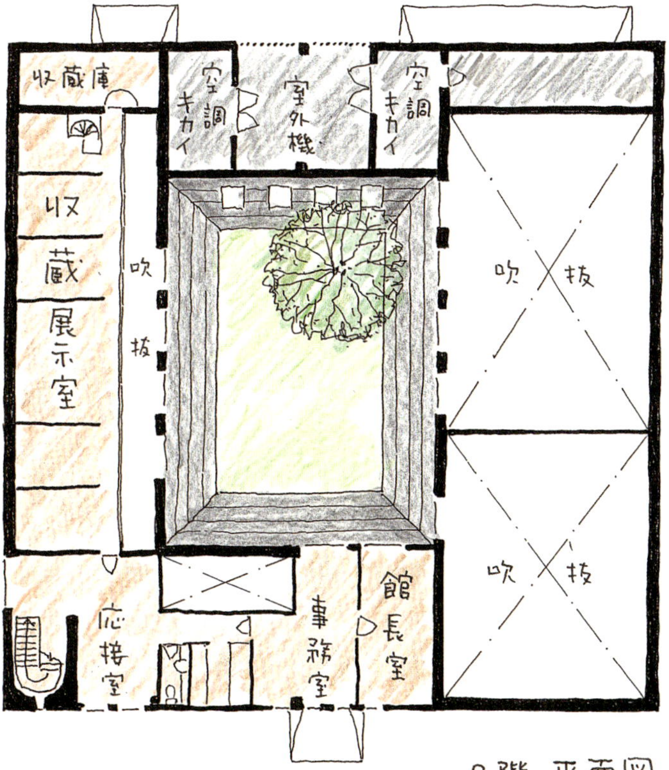

2階 平面図

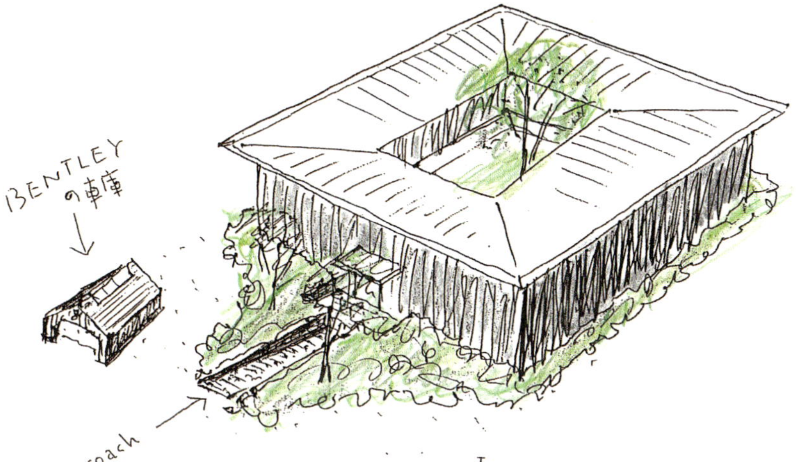

ITAMI JUZO MUSEUM

2層分の収蔵庫の2階部分は、いわゆる倉庫的な収蔵庫ではなく「開架式収蔵庫」的、あるいは「収蔵展示室」的な収蔵庫である。写真手前の部屋は、伊丹十三の監督デビュー作である映画「お葬式」の舞台にもなった伊丹家の湯河原の別荘の1室を再現したもの。この収蔵庫をガイド付きで見学できるツアーは、開館記念月の5月に開催される（事前応募制）。

カーマニアとしても知られた伊丹十三の愛車・ベントレーを格納・展示するガレージ。「8」は展示ブースの通し番号で、ここだけは漢数字ではなく算用数字にしてある。

［伊丹十三記念館］

こぼればなし

大学二年生の秋、なにげなく立ち寄った書店で、目の前の本棚にあった本の背表紙とタイトルに心惹かれて思わず手に取りました。それが、伊丹十三の『女たちよ！』という本でした。

とりあえず、パラパラっとめくったあとで、あとがきを読み出してみると『キャッチャー・イン・ザ・ライ』が一番好きな小説で……と書かれていて「あ！」と思いました。というのは、ぼくもちょうどその半月ほど前に『ライ麦畑でつかまえて《キャッチャー・イン・ザ・ライ》』を読んでたちまち魅了され、二度、三度と読み返していたときだったからです。このとき、何か「因縁めいたもの」（赤い糸？）を感じたのかも知れません。迷わずぼくはこの本を買いました。貧乏学生のことですから、その本を買うために、その日の食事を抜かなくてはならない出費でしたが、そんなことはまったくへっちゃらでした……というのも、下宿の部屋に戻ってこの本を読み出したとたん、ぼくは文字どおり「寝食を忘れて」読み耽ったからです。本の内容が、文体と表現が、添えられているイラストと書き文字が、そして行間から立ち上ってくる伊丹十三の生き方の姿勢と美意識が、ぼくの心を鷲づかみにし、奮い立たせてくれました。それは、目の前に拡がる大海原に船出するような前途洋々とした気分でした。

そして、翌日から中央線沿いの古本屋を一軒一軒、虱《しらみ》つぶしに歩いて、わずか一週間の間に『ヨーロッパ退屈日記』、『問いつめられたパパとママの本』を買い求め（それが伊丹十三の著書のすべてでした）、その三冊をそれこそ貪るように読みました。今にして思えば、あれは熱病にうなされたような日々でした。そして、熱病は思いのほか長引いて、二〇代のぼくの枕元にはいつも伊丹十三の本がありました。

そのように熱烈な読者でしたから、ぼくが伊丹十三から受けた影響は計り知れません。ぼくは、まず「旅」と「料理」という、人生におけるふたつの大きな財産を授かると同時に、たとえば、マガイモノとマニアワセとツキナミを排除する精神を学び、時流や風潮に流されない価値観をもつことを学び、観察力と想像力の大切さを学びました。そして、なによりも、ユーモアとウィット、そして「遊び心」を学んだのです。

「伊丹十三記念館」の設計を手がけることになったのは、編集者であり小説家でもある松家仁之さんの推薦によるものです。伊丹十三とおしどり夫婦ぶりで有名だった女優の宮本信子さんや、伊丹映画全作品のプロデューサーを務めた伊丹プロダクションの玉置泰《たまおきやすし》さんの期待に十二分に応えたいという思いはもちろんのこと、伊丹十三から学んだことを、建物の設計だけでなく、展示デザインからミュージアムグッズの企画まで「記念館をまるごと設計すること」で多くの人に見てもらいたいと思いました。「伊丹十三記念館」は、ぼくの中では一種の卒業設計だったのです。

museum as it is

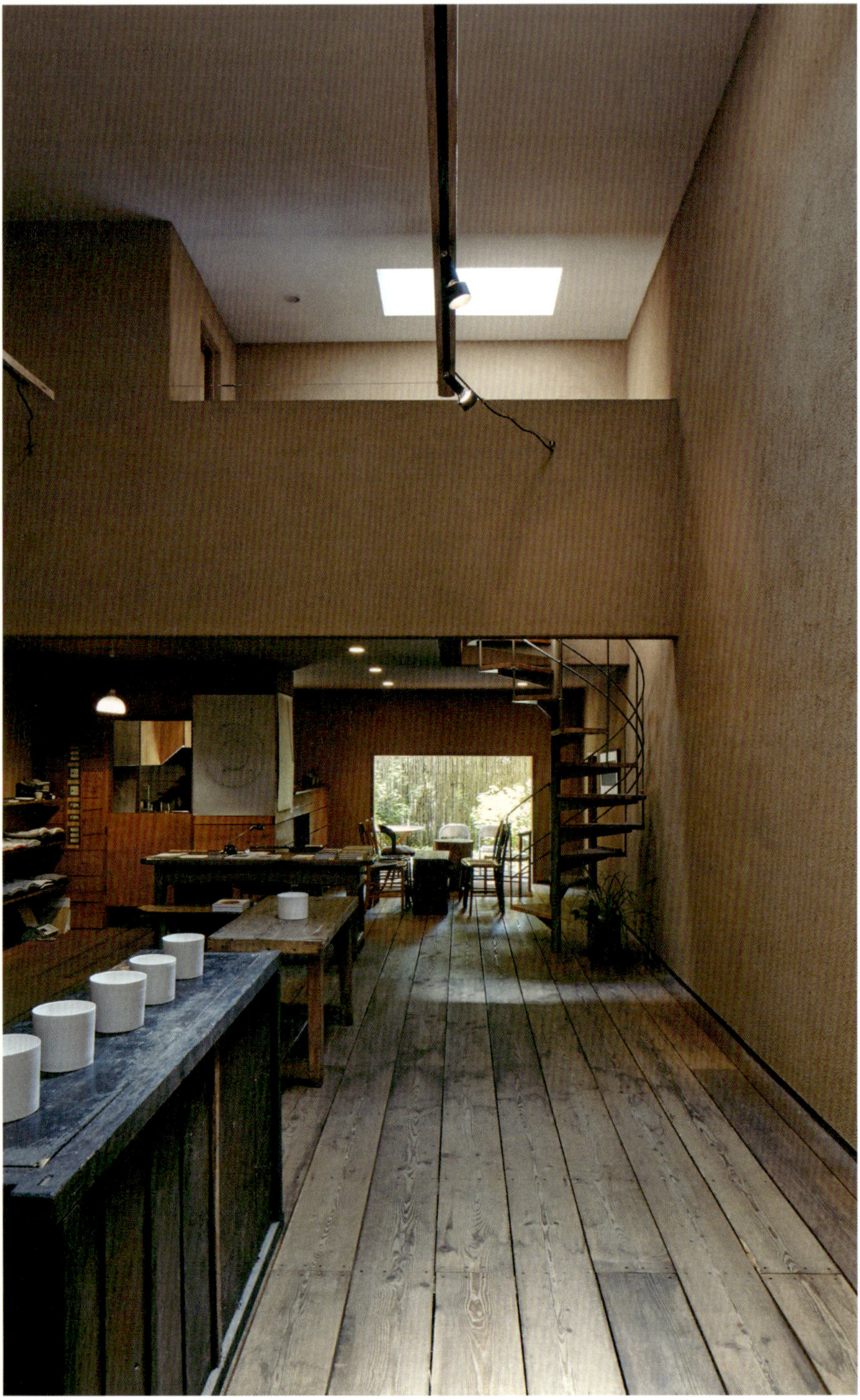

展示室1から展示室2の方向を見る。展示室2の下階は倉庫。展示室1の壁に窓はなく天窓からの採光のみ。
右頁／展示室1から庭の方向を見る。螺旋階段はプライベートの居住スペースに上がるためのもの。

上／2階の展示室2。森に向かって帯鉄の格子の付いた小さな片引き窓がひとつ。
下／展示室3。壁の仕上げはブータンの手漉き紙の袋貼り。床は琉球畳敷き。韓国のオンドル部屋のような親密な密室感を醸し出すことができた。
左頁／展示室2に上がる階段にはメープルを八角に削り出した手摺りが付いている。壁の仕上げは現場の土に樹脂を混ぜた土壁塗り。

入口の引き戸。網戸と2枚分のガラス戸を閉ざす大戸が付いている。大戸が開いているときが美術館OPENのサインとなる。
右頁／倉庫の扉には坂田コレクションの16世紀スペインの扉を使った。ベアリングを用いた特注のピボットヒンジで開閉する。自動的に閉まる牧柵用の扉のアイデアからヒントを得て、自動的に閉まる仕組みにしている。

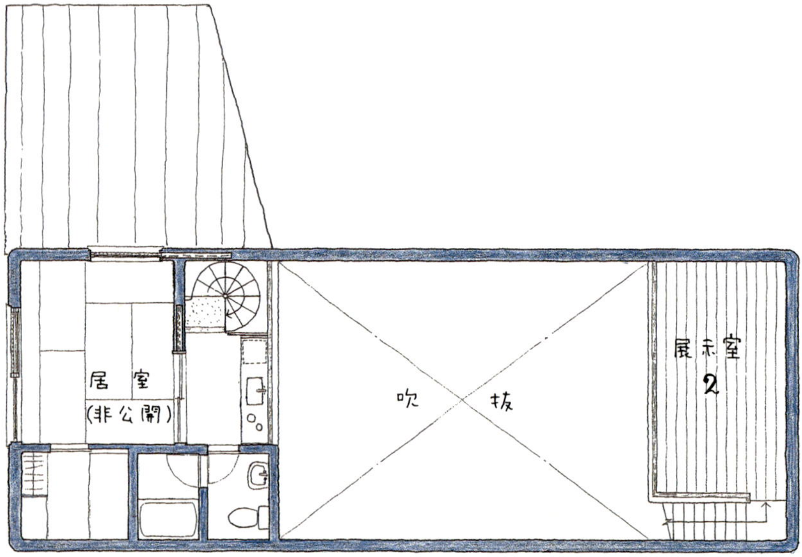

2階 平面図

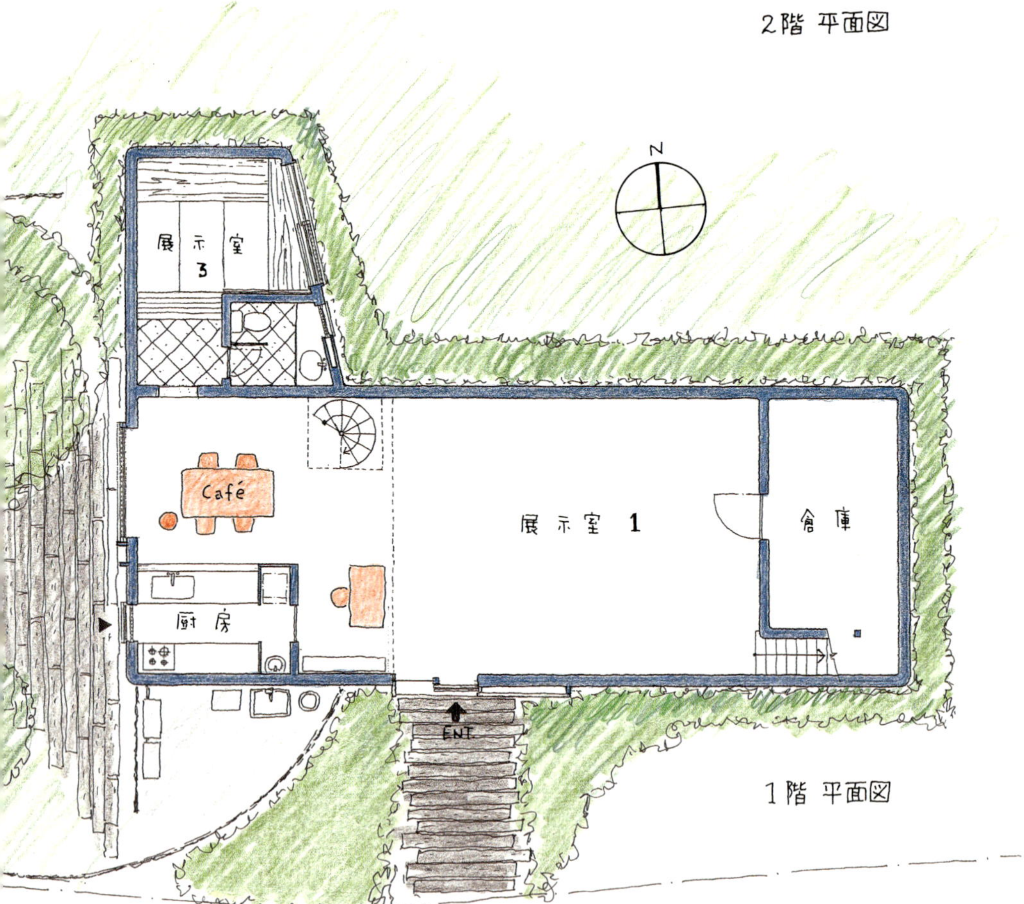

1階 平面図

房総半島東部の海岸地帯では正月の縁起物の千両を栽培する囲いに、幅2センチぐらいに裂き割った竹を針金で編んだ竹簾を使う。中庭を円形に囲んでいるのは特注寸法で編んでもらったその竹簾である。これもまた「その土地の材料と、その地との技術」ということになるだろう。
枕木を敷き詰めたテラスに座ると美味しいコーヒーをサービスしてくれる。梢を渡る風の音、鳥の声……。森閑とした森の中の至福のひととき。

中庭から土壁塗りのファサードを見る。土壁は敷地を掘り起こした土に藁スサを混ぜて練ったもの。亜鉛にドブ漬けしたエキスパンドメタルを木舞の代わりに使った。左官職人から「中塗りだから10年ぐらいで崩れちまうよ」と言われたが、20数年経って風化は進んだものの、幸いまだ崩れ落ちてはいない。

[as it is]
こぼればなし

「museum as it is」は、目白で「古道具坂田」を営む坂田和實さんの個人美術館です。美術館がつくられた経緯については、『中村好文 普通の住宅、普通の別荘』（TOTO出版）で述べたので省略します。建物について言えば、坂田さんは最初から土壁塗りの納屋のようなたたずまいの建物をイメージしていましたので、そのイメージを最大限尊重した美術館にしました。

学生時代に読んだ今 和次郎の本に「その土地の材料と、その土地の技術でつくられた建物は、たとえ貧しい建物でも美しい」という意味のことが書かれていましたが、ぼくはこの言葉に深く共感し、長らく心の奥処《おくか》に留めてきました。

南仏にル・トロネ修道院を見学しに行ったときも、その敷地が元は石切場で、修道院がそこで切り出された石でつくられたことを知ったとたん「その土地の材料」という言葉がごく自然に脳裡に浮かんで、人知れず膝を叩きました。

そんなわけで、坂田さんから土壁の話が出たときは、即座に「この美術館は地元の土でつくろう！」と思いました。そして敷地の一角を掘り起こした山土（正真正銘「その土地の材料」です）に藁スサを混ぜて練った材料で壁を塗り、簡素な建築ながら今 和次郎氏への共感を実現することができたのです。

ところで、もうひとつの「その土地の技術」のほうですが、こちらも土壁を塗ってくれた左官をはじめ、板金、建具などすべて地元の職人たちが一丸となって「土地の技術」で取り組んでくれたことで実現できました。中でも木造建築の要である大工工事は、寡黙で腕のいい若い棟梁があたってくれました。

この棟梁はマツダさんといい、何ごともコツコツと自分で納得のいくまでやらなければ気のすまない職人気質のもち主でしたから、棟上げのとき以外は、大工工事は最初から最後までたったひとりでやり遂げました。

というわけで、ぼくにとっては今 和次郎の言葉に導かれた意義深い仕事でしたが、ひとつだけ問題がありました。そう、ほかでもない「工期」のことです。入念な大工工事のおかげで、工事期間が、二か月、三か月と延び延びになっていくのです。といっても、マツダ棟梁の入魂の仕事ぶりを目のあたりにしているので急かすわけにもいきません。坂田さんも当初は完成時期について気にしていましたが「ま、いつか終わるでしょうから。」と泰然自若を決め込むことにした様子。

折も折、ロゴマークを担当してくれた染織家の望月通陽《みちあき》さんと会う機会がありました。望月さんが「工事は順調ですか？」と訊くので、ぼくが工事が大幅に遅れていることを伝えますと、望月さんは、間髪を入れず「じゃあ美術館の名前は変えたほういいですね。」と言いました。そして「museum as soon as ではどうでしょう？」と笑顔で付け加えました。

カフェ
レストラン
バー

はじめて入る飲食店では、いつもいろいろなことが気になります。まずは、店の雰囲気、食事や飲み物の味、食器の趣味と盛り付けのセンス、料理人の顔つき、接客の態度。それから、店のプランと動線計画、椅子やテーブルの良し悪し、トイレ掃除の具合など。ついキョロキョロしてしまうのは職業病なのかも知れません。そしてさらに職業病の症状が出て、悪いと思うところがあれば、それを「どうやって改善しようか？」と頼まれもしないのに考えたりするのです。ところが、そうした職業病がいざ自分で設計するときにはさほど強烈に発症しないのが不思議です。もしかしたらぼくは「他人に厳しく、自分に優しい」タイプなのかも知れません。

ところでこの章では、残念ながら紙面の都合で紹介できなかった飲食店がいくつもあります。たとえば心斎橋のフレンチの「epouvantail」、垂井町の珈琲店「Cafe FRANDLE」、西馬込のスパゲティのお店「PEPERONI」、主人の急逝で店を閉じた京橋のお蕎麦の名店「三日月」……などなど。

お店の名前だけでも心の隅にとどめていただけると嬉しいです。

鹿の舟　囀《さえずり》

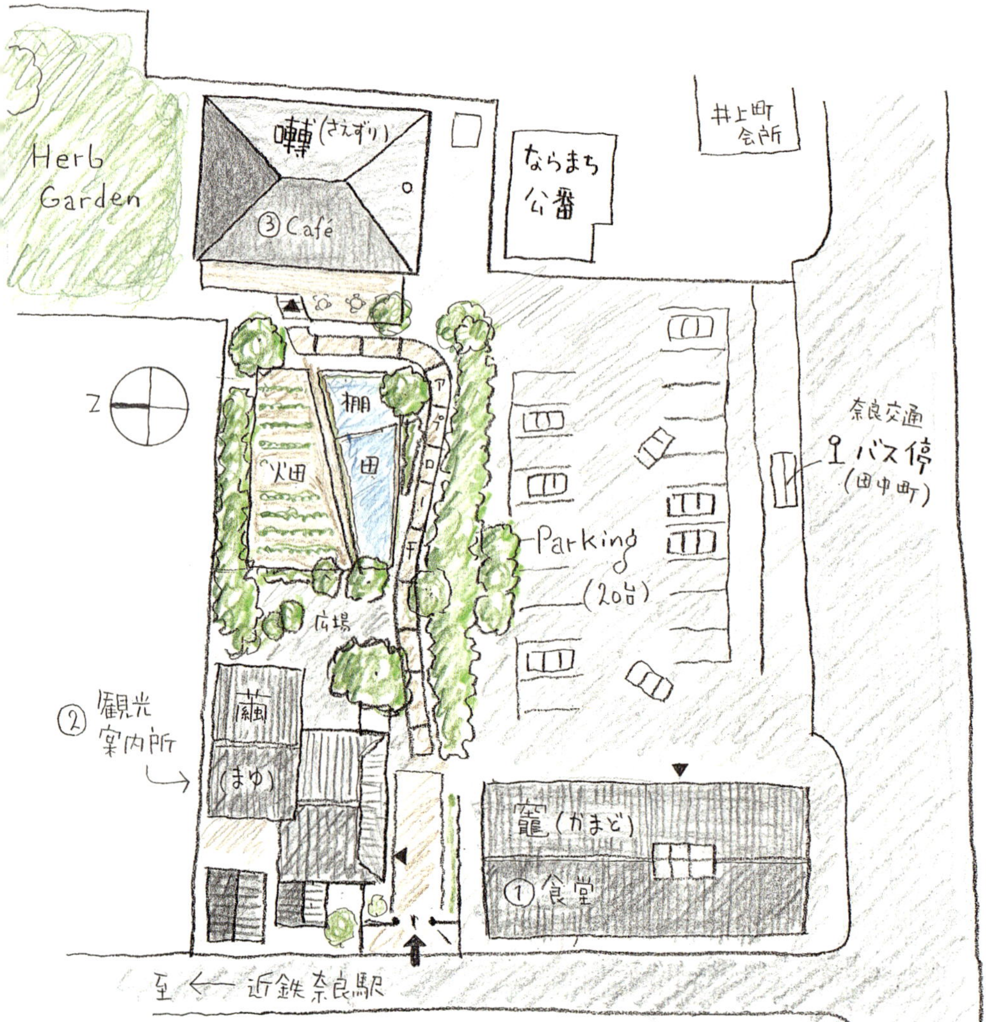

奈良町 鹿《しか》の舟《ふね》 3つの施設 配置図

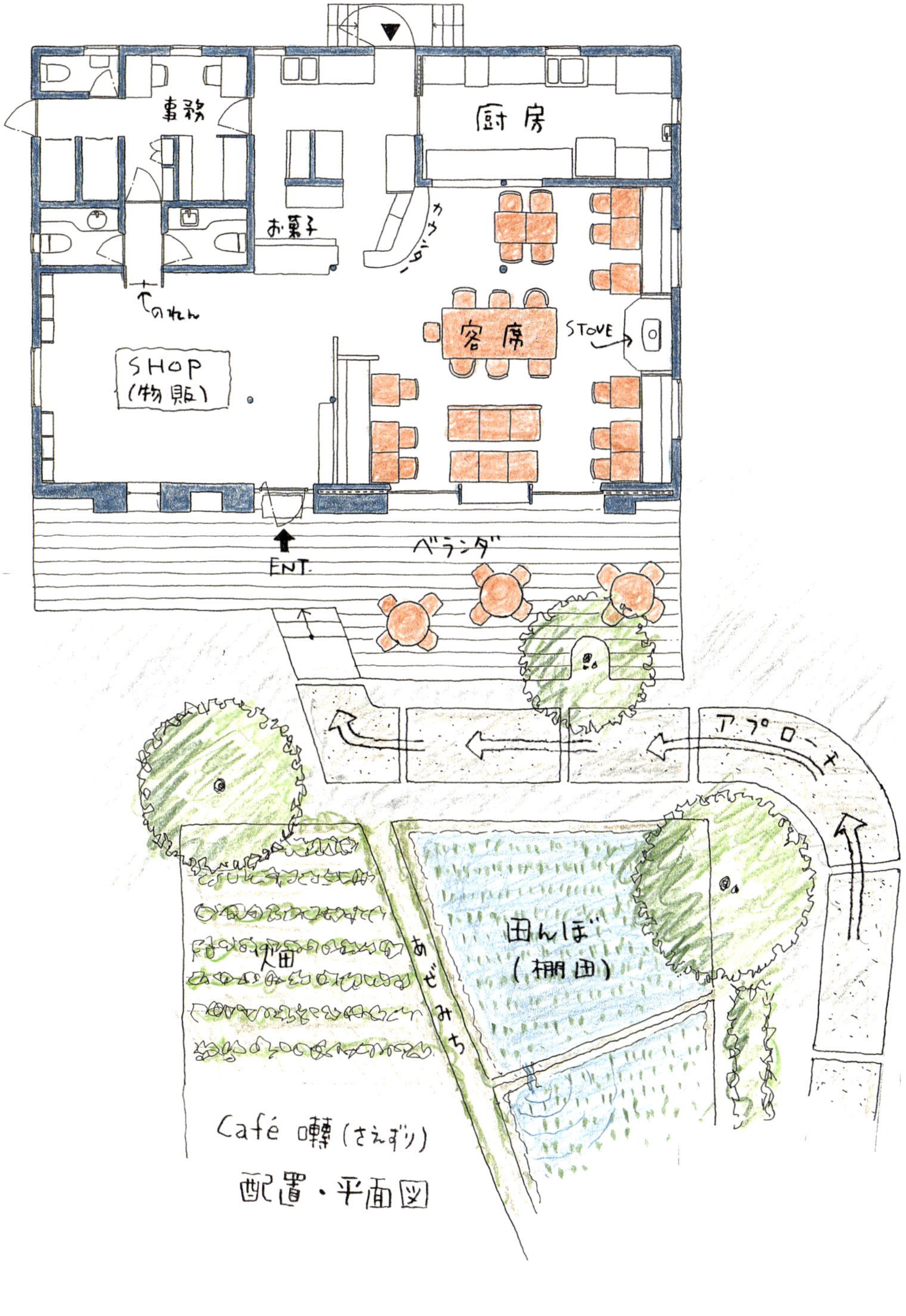

Café 囀（さえずり）
配置・平面図

入口のサインは望月通陽さんの線画を５ϕの丸鋼で製作し、壁から浮かして取り付けてある。左のガラス扉がカフェの入口。

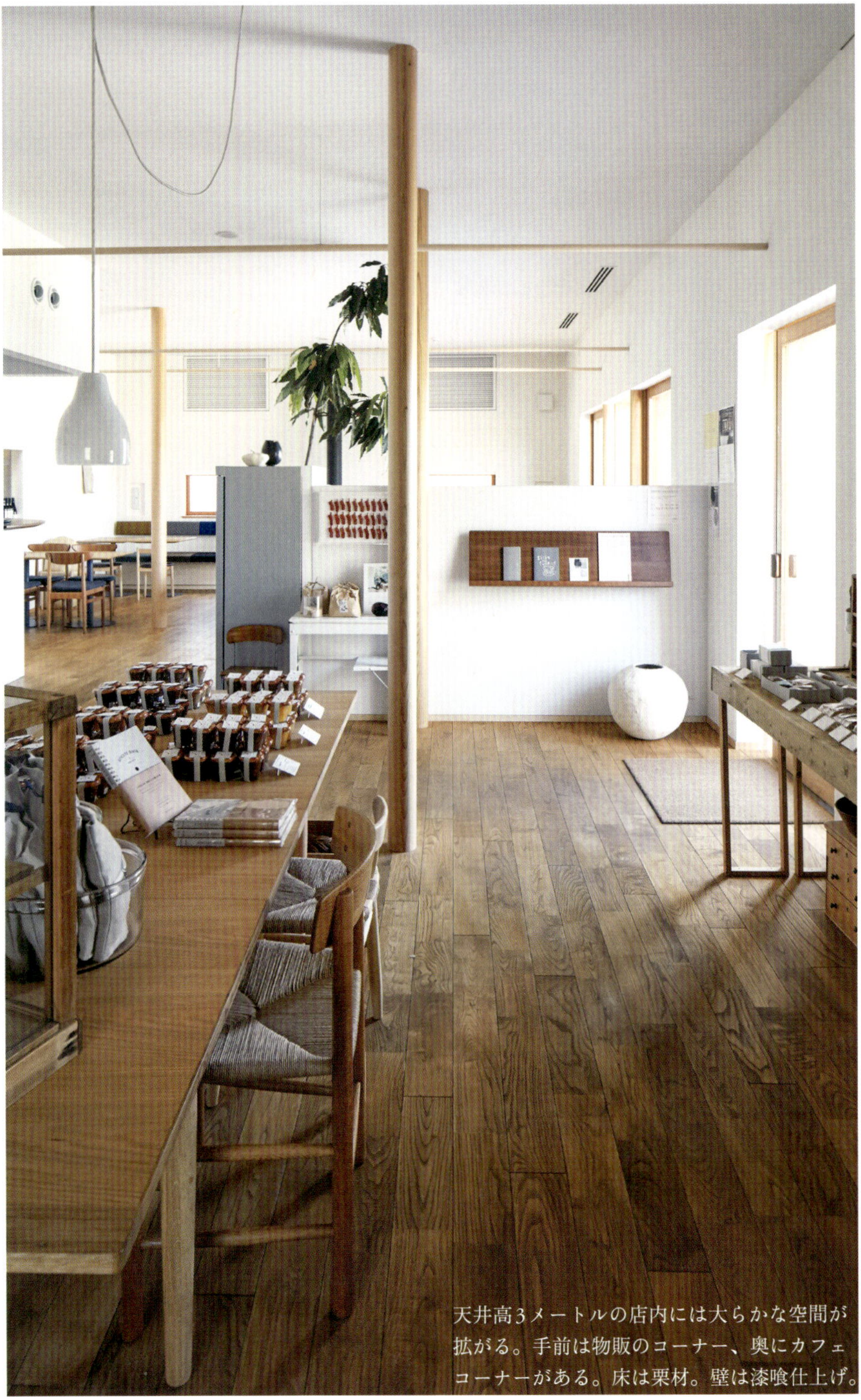

天井高3メートルの店内には大らかな空間が拡がる。手前は物販のコーナー、奥にカフェコーナーがある。床は栗材。壁は漆喰仕上げ。

カフェコーナーには、さまざまなデザインの椅子が使われていて、肩肘張らない祝祭的な雰囲気を醸し出している。奥のベンチの張り地はミナ・ペルホネンのdop。冬期は正面のストーブの中でゆらめく炎がぬくぬくとした居心地を醸し出してくれる。

室内の様子。なにげなく置かれている家具や小物、壁にピンナップされた羊皮紙《ようひし》の楽譜など、そのすべてに石村由起子さんの好みがうかがえる。空中をよぎる半円形の横木は間接照明で、中に仕込んだLEDが、雲間から射す薄日のような効果をもたらしている。
左頁／室内からテラス席越しに、奈良市の観光案内所である瓦屋根の建物「繭《まゆ》」を見る。「囀」と「繭」の間に小さな棚田と畑がある。「繭」を出て田んぼと畑の間の畦道をたどれば真正面が「囀」の入口。

［鹿の舟　囀《さえずり》］
こぼればなし

「鹿の舟」は奈良市の観光拠点として二〇一五年秋にオープンしました。奈良市の所有する広い敷地内には「繭《まゆ》」「竈《かまど》」「囀《さえずり》」の三つの施設（＝建物）があります。

「繭」は、観光客に奈良の情報を提供し、合わせて奈良の魅力を伝える施設。大正時代に建てられた趣のある建物の中に、突然、楕円形のライブラリーが出現したり、蚊帳に包まれた読書コーナーがあったり、別棟の蔵の中がギャラリーになっていたり、見どころ満載の施設になっています。

「竈」は、食堂と奈良県産の食品、雑貨を扱うグローサリーです。施設の名前が示すとおり、この建物の最大の目玉は、薪でごはんを炊く竈と、その竈で炊かれたごはんです。お薦めは「朝ごはん」。炊きたてのごはん、具沢山の味噌汁、奈良のお漬け物、小鉢がひとつ、そして、卵かけ用の生卵が付いて、なんと！五五〇円！（二〇一七年三月現在）。天窓から射し込む爽やかな朝日を浴びながら食べる「朝ごはん」くらい幸せな気分にしてくれるものはありません。

そして、敷地の一番奥まった場所にあるのが「囀」で、ここは巷の喧騒から離れて心静かなひとときを過ごせるカフェです。

話の都合上、三つの施設を順番に説明しましたが、ぼくが設計したのは、じつはこの「囀」です。もうひとつ付け加えると、三つの施設を奈良市から委託されて運営しているのは、石村由起子さん率いる有限会社「くるみの木」です。

じつは、ぼくは二〇〇四年に「秋篠の森」のレストラン「なず菜」と二部屋だけのホテル「ノア・ラ・スール」を設計した縁で石村由起子さんと知り合いました。そんなわけで、奈良をこよなく愛す石村さんの「奈良町に活気を与えたい」という熱い思いがこのプロジェクトに込められていることは、この場所がまだ寂《さび》れた駐車場だったころ一緒に下見に来て、周辺の雑駁《ざっぱく》な風景を呆然と眺めたときから感じていました。

さてさて、肝心の建物についての説明が最後になってしまいました。以下、駆け足で説明します。

設計当初から屋根はわずかなむくりをつけた寄せ棟にしようと思っていました。背後に控える山の穏やかなフォルムと呼応させたいと考えたからです。また、外壁の仕上げについても迷うことなく漆喰塗りにしようと決めていました。清楚な感じを出したかったのです。内部については大らかな空間をつくることだけを心がけました。石村さんの家具選び、雑貨小物選びの目の確かさ、それにしつらえの手腕については「なず菜」と「ノア・ラ・スール」でよくよく承知していましたから、あっけらかんとした空間を用意して、石村さんに「ポン」と手渡せば大丈夫、という確信があったからです。

そして二〇一五年十二月。期待にたがわず、あたたかい雰囲気の居心地のよいカフェがめでたく奈良町に誕生しました。

えんとつ

横長の蔵を改修したカフェ「えんとつ」の外観。差し掛けの軒下空間は黒色の煉瓦「磚《セン》」で円形に舗装した広場に面しており、気持ちのいい待ち席になっている。蔵の中ほど、差し掛けの上部に室内から酒造場の煙突を眺めるための窓を新設した。
広場、散策路、植栽などの外構デザインは、はるばる札幌からキタバランドスケープの斉藤浩二さんを招いて手がけてもらった。

蔵の時代の造りを残したカフェの入口。正面に見える中2階にも客席がある。
左頁／1階客席から入口方向を見返す。壁の板は、既存の壁に使われていた板を念入りに水洗いと雑巾掛けした上で再利用した。上部の白い壁は漆喰塗り。

清潔整頓

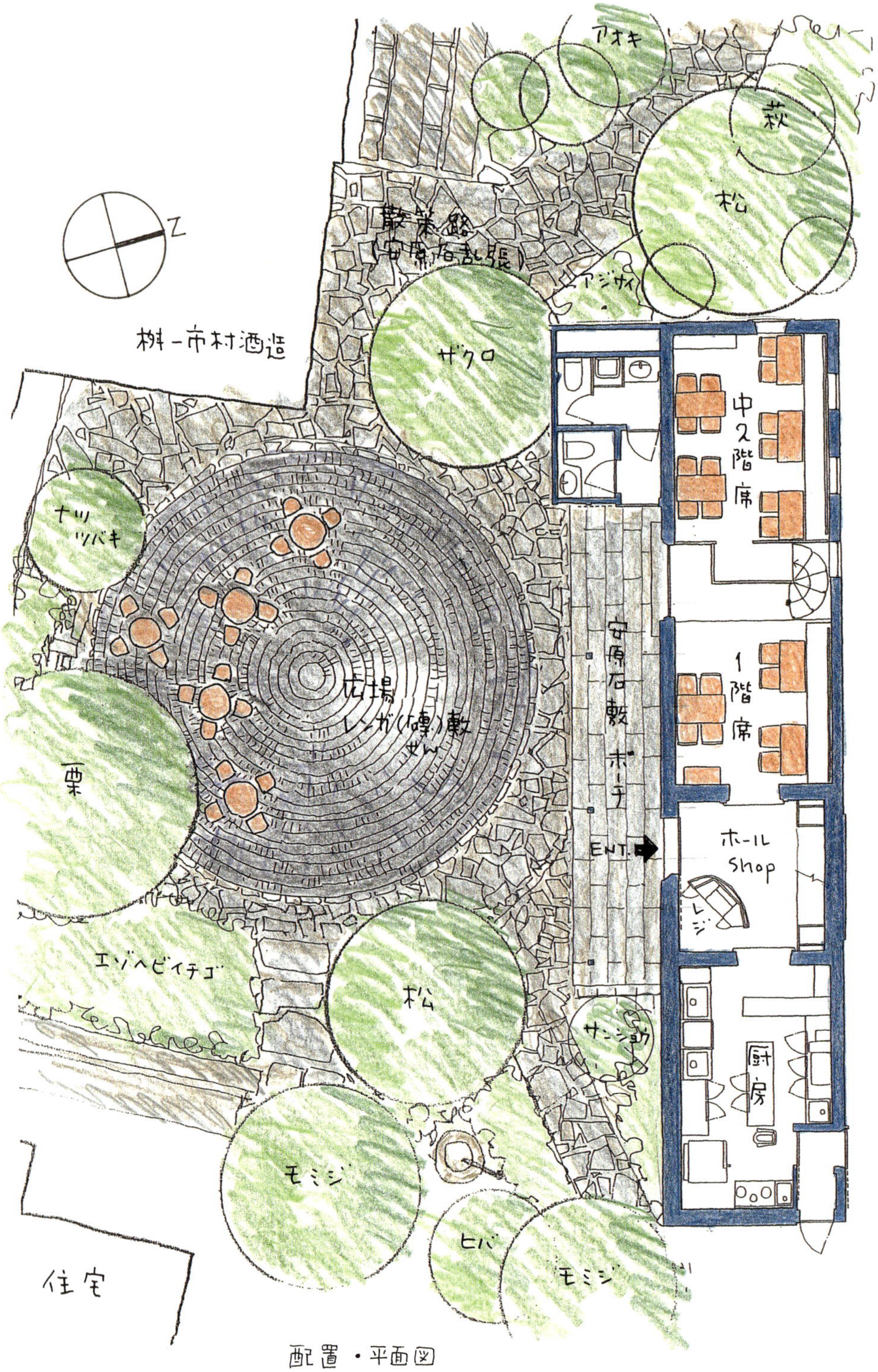

N
散策路
(安原石乱張)
アオキ
萩
松
アジサイ
桝一市村酒造
ザクロ
中2階席
1階席
ナツツバキ
広場
レンガ(磚)敷せん
安原石敷ポーチ
ENT.
ホール
Shop
レジ
栗
エゾヘビイチゴ
松
サンショウ
厨房
モミジ
ヒバ
モミジ
住宅

配置・平面図

上右／螺旋階段を上がった中2階の客席。
上左／同じく中2階の客席から1階客席のある吹き抜け方向を見る。棟を支える太い梁の両脇のスリットにLEDが仕込んである。
下／1階客席のベンチに腰掛けて向かい側の壁の上部を見上げると酒造所の煙突が見えて、「あ、そうか!」と、店名の由来に気づいて納得する人がいる。

［えんとつ］
こぼればなし

北海道滝川市で一九二六年に建てられた木骨石造建築の蔵を改修したことがありました。
「太郎吉蔵」と呼ばれているこの蔵は彫刻家の五十嵐威暢《たけのぶ》さんの祖父の五十嵐太郎吉さんの建てた蔵で、ぼくは威暢さんの知己を得たことがきっかけでこの蔵の改修設計を手がけることになりました。
改修後は毎年夏にこの蔵で五十嵐さんを中心とする「太郎吉蔵デザイン会議」が開かれていますが、ぼくは、二〇〇八年の「ローカルとデザイン」というテーマを掲げた会議にパネリストとして参加させてもらいました。このときは、同じくパネリストだった高知の梅原 真さんの具体的かつ説得力のある話が飛び抜けて面白く、その人柄にも語り口にも魅了されました。
そして、デザイン会議から三年ほど経ったころ、突然、その梅原さんから電話がありました。用件は長野県の小布施町にある「小布施堂」の敷地内にある古い蔵を改修するプロジェクトを「一緒にやりませんか？」というお誘いでした。梅原さんの頭の中に「蔵の改修→中村好文」という図式ができていて声を掛けてくれたのかも知れません。
「小布施堂」は超有名な栗菓子の老舗で、広い敷地内に「本店」をはじめ「イタリアン・レストラン」や「日本料理店」や「バー」があるだけでなく、オーベルジュ風の洒落た「ホテル」まである小布施町の観光名所です。その敷地の一画にある、古い蔵をカフェに改修するのが、ぼくの仕事でした。
さて、当の蔵は構造こそしっかりしていたものの、もちろん小綺麗に改装するだけでカフェに再生できる状態ではありませんでした。やはり新しい空気を「ぷぅー」と思いっきり吹き込んで、積もり積もっていたほこりと、淀んでいた空気を一気に吹き払う必要があったのです。
改修にあたっては、建物の古い部分と改修する新しい部分を対置させることや、木材や漆喰などの伝統的な材料とスチールやガラスなどの材料を混在させつつ、新しい空間を生み出すことに腐心しました。
具体的な設計は、蔵の細長い平面を東側の厨房部分と中間のホール兼ショップ部分と西側の客席部分に分割し、さらに客席部分を一階席と中二階席に分けることからスタートしました。
「えんとつ」という店名は敷地内にある酒造場の煉瓦の煙突に目を付けた梅原さんの発案で決まりましたので、そうなるとカフェから煙突が見えないわけにはいきません……というわけで、一階のベンチ席から煙突を眺めるための窓を開けました。中二階席は豪快な棟梁を間近で見るために設けたものです。
普請に対するI社長の絶大な理解と、小布施堂の建築担当の若手グループの献身的な協力もあり、刺激的で熱気に溢れた現場の日々を過ごすことができました。

PRATIVO

客席が円形劇場風に円弧を描いていることと、そのレベルがだんだん下がっていくところに注目いただきたい。円弧の正面に蝦夷富士と呼ばれる羊蹄山《ようていざん》の勇姿が望める。手前のフラットな席に使われているペーパーコード編みの椅子は、このレストランのためにデザインしたもの。

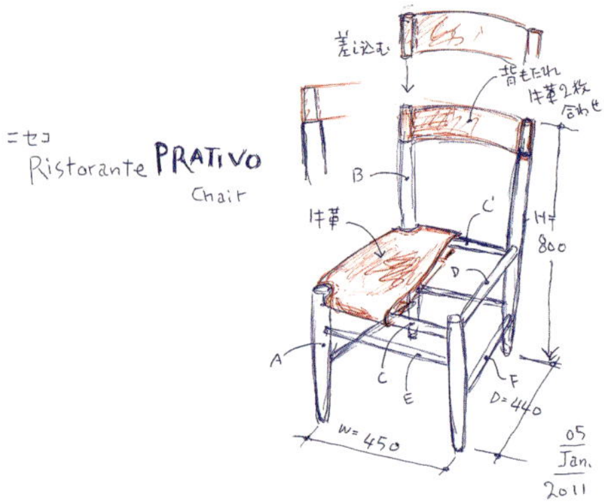

フラットな客席は団体客がテーブルを囲んで一同に食事するために計画された。席によっては、暖炉のゆらめく炎と羊蹄山を交互に眺める贅沢が味わえる。
左頁上／右手はビュッフェコーナー、左側に厨房がある。
左頁下／入口のレジカウンターから待ち席側を見る。

PRATIVO

押
PUSH

羊蹄山側の壁面は全面ガラス。嵌め殺しのガラスを細いマリオンが支えている。屋根はガルバリュウム鋼板の菱葺き。北海道から消えつつある菱葺き屋根をあえて採用している。
右頁上／黒塗りの板にペンキで直接描かれたPRATIVOのサイン。原画の作者は染織家の望月通陽さん。PRATIVOはイタリア語で牧草地や牧場という意味。
右頁下／使い込まれていい風合いになったメープル製の入口把手。

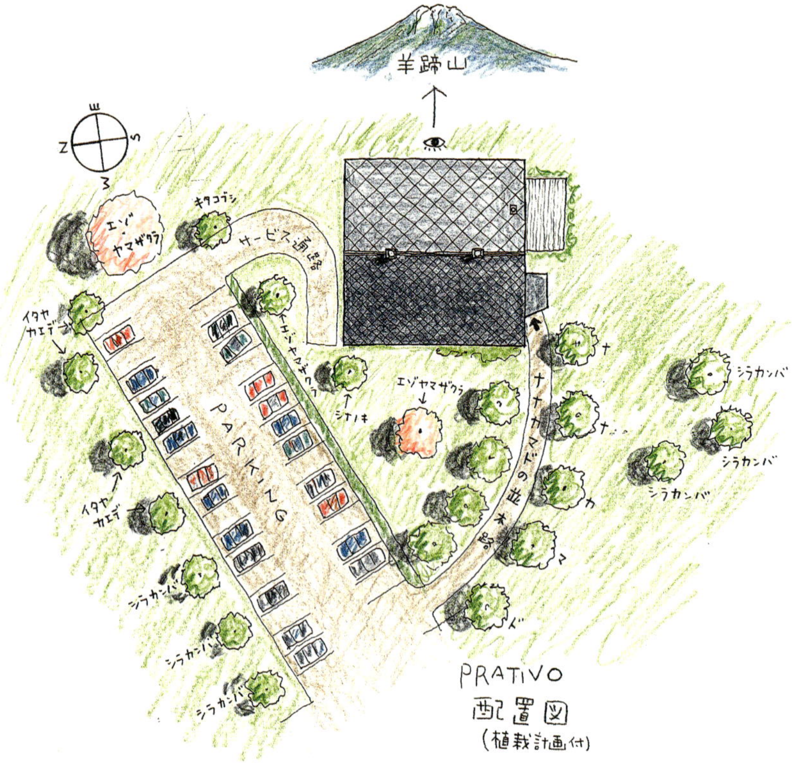
羊蹄山
キタコブシ
エゾヤマザクラ
サービス通路
イタヤカエデ
エゾヤマザクラ
PARKING
シナノキ
エゾヤマザクラ
ナナカマドの並木路
シラカンバ
シラカンバ
シラカンバ
イタヤカエデ
シラカンバ
シラカンバ
シラカンバ
PRATIVO
配置図
(植栽計画付)

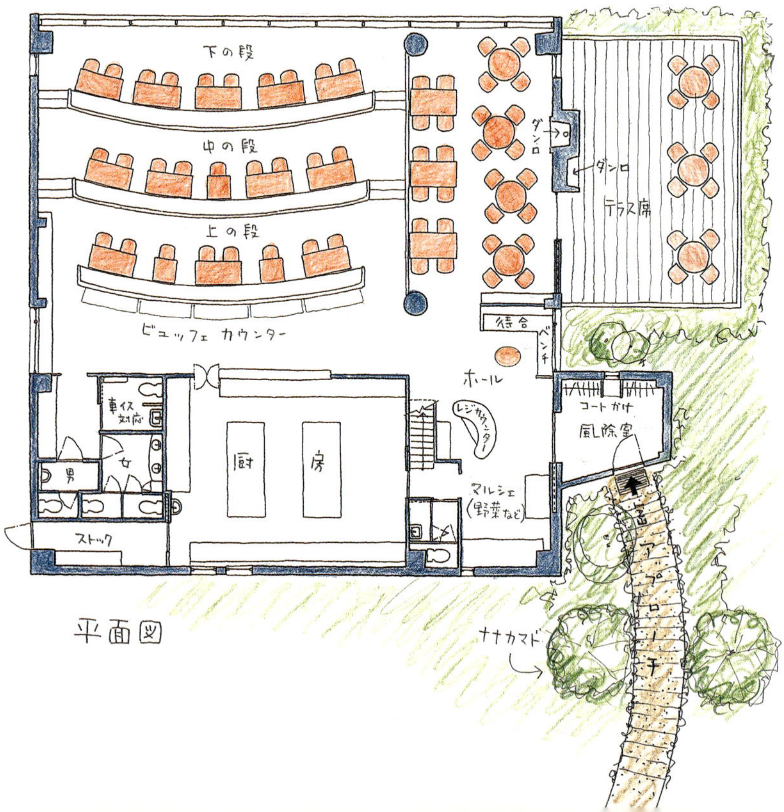
下の段
中の段
上の段
ビュッフェ カウンター
ダンロ
ダンロ
テラス席
待合
ベンチ
ホール
レジカウンター
コートかけ
風除室
車イス対応
男
女
ストック
厨房
マルシェ(野菜など)
アプローチ
ナナカマド
平面図

切妻屋根の妻側の日だまりにはテラス席がある。新緑に輝く初夏、澄み渡った秋晴れの午後などに気持ちよく食事できる場所である。肌寒く感じたら傍らの暖炉が暖めてくれる。

ATIVO

初めて敷地に立ったとき、羊蹄山と対峙する風景の中に人目を引く新奇な建物も小洒落たデザインの建物もつくってはならないと思った。この風景にはアノニマスな建築と見まごうばかりの建物がふさわしい……と。
こうして納屋《バーン》を連想させる PRATIVOの建物は生まれた。

［PRATIVO］
こぼればなし

「建築設計の仕事って面白いものだなぁ。」とつくづく思います。縁もゆかりもない方から、縁もゆかりもない場所に建てる建物の設計依頼があり、その地に足繁く通うことになり、建物が完成するころには自分がすっかりその土地に馴染んでいるような錯覚さえ抱くことになるのですから。

さらに面白いのは「仕事が地下茎でつながっていたに違いない」と言いたくなるほどの至近距離で、まったく別の人から設計依頼の話が舞い込んだりすることです。

たとえば、札幌の友人から「羊蹄山の麓のニセコ町で牧畜業を営むTさんがイタリアンのレストランを計画しているので設計してもらえないだろうか?」という打診があったときも「あ、この仕事は地下茎でつながっていたんだ!」と思いました。というのは、ちょうどそのとき、ぼくはニセコ町の隣りの真狩《まっかり》村《むら》でパン屋さんの仕事（161ページ参照）をしていたからです。パン屋さんとTさんの牧場は車なら二〇分ほどの距離ですが、おふたりは一面識もない方たちでした。

そのイタリアン・レストランは、蝦夷富士と呼ばれる羊蹄山を真正面に見据える素晴らしいロケーションと、たおやかな牧草地が拡がる北海道ならではの風景が素晴らしく、大いに設計意欲が湧きました。それに、なにを隠そう、ぼくはイタリアのワインとイタリア料理と聞いただけで舌なめずりするほうですから、この仕事はふたつ返事でお引き受けしました。

設計の手がかりになったのは、やはり羊蹄山でした。まず建物の軸線を厳密にこの山に向けることに決め、次の段階で山の眺望を室内に取り込み、七〇席近い客席のどこからも山の偉容を眺められるようにするべくアイデアを練りました。いくつかの案を考えたあげく、最終的には円形劇場風に円弧を描く客席を階段状に三列設け、正面の舞台中央にあたる位置に羊蹄山がドーンと構えるようにしました。このアイデアが劇的な演出効果を生んでくれて、羊蹄山のよく見える日に訪れたお客さんは、客席に案内されたとたんに感嘆のあまり大きな歓声を上げたりするそうです。

ところでぼくは建築の工事と平行して、このレストランのためのダイニングチェアのデザインと試作を進めていました。バルセロナ・パビリオンのためにデザインされた椅子が「バルセロナ・チェア」と名付けられたように、座と背を分厚い牛革で張った新作の椅子を「PRATIVO」と名付けようと、ひそかに考えていたのです。そうしてでき上がった試作品は（自分で言うのもなんですが）素晴らしい出来映えでした……が、困ったことに馬具並みに仕上げた革張りの座と背の費用がとてつもなく高くついてしまい、予算を大幅に超えてしまいました。この時点で「PRATIVO CHAIR」の夢は牧場に立ちこめた朝霧のようにあえなく消え去ったのです。

イタリア料理 みたに

高い天井のおかげで、実際の面積より広々と大らかに感じられる室内。横長の窓の向こうには隣家があるが、隣家の設計者がこの客席の窓からの眺めを損なわないよう配慮してくれたと伝え聞いた。世の中には奇特な方がいらっしゃいますね。

上／6～10人で食事のできる大テーブルと椅子のデザインは中村、製作は横山浩司さん。
下／ウェイティングバーのハイスツールも中村と横山さんのコラボレーションによるもの。
右頁／レジカウンター越しに入口方向を見る。コート掛けの下に温水ラジエーターがあり、冬場は食事をしている間に雪で濡れたコートを乾かしたり、暖めてくれたりする。信長の草履を懐で暖めた木下藤吉郎の話からヒントを得て。

店内からテラス席越しにアプローチ方面を見る。三谷シェフの丹精のおかげで、完成した当時には予想もできなかったほど緑豊かな環境が生まれた。
左頁上／三谷さんのお店がまだ女《め》鳥《と》羽《ば》川沿いにあり「軽食堂・みたに」と名乗っていたころに初めて訪れて描いたスケッチ。3本の脚をつなぐ貫材に背板を支える背柱材が座面を突き抜けて差し込む構造と、座面と3本の貫の向きが反転する秀逸なデザインにも目と心を奪われた。写真のように、この椅子は今でも「みたに」で現役で使われている。本当に「いい椅子」です。

24
JULY
'89

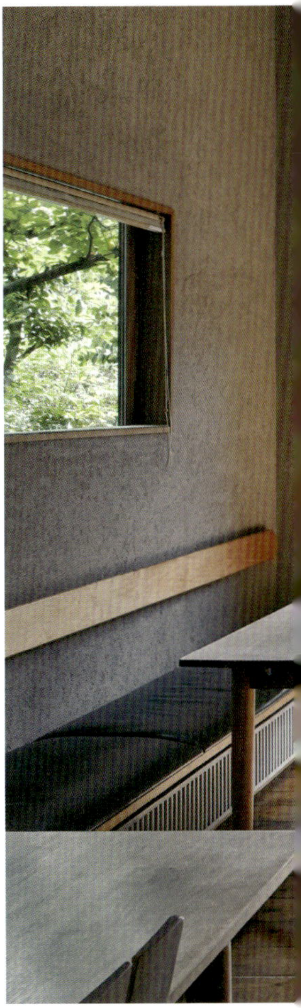

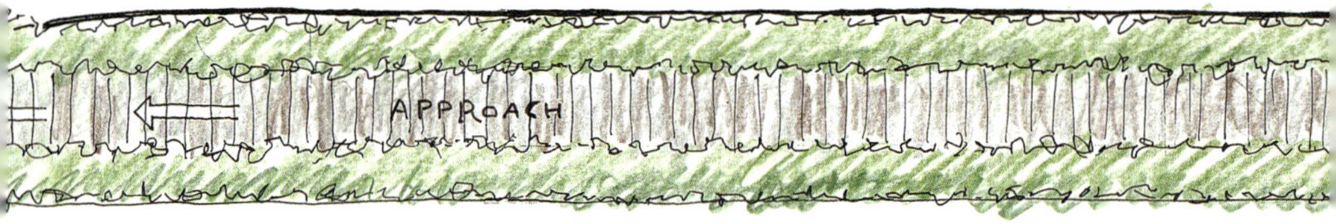
APPROACH

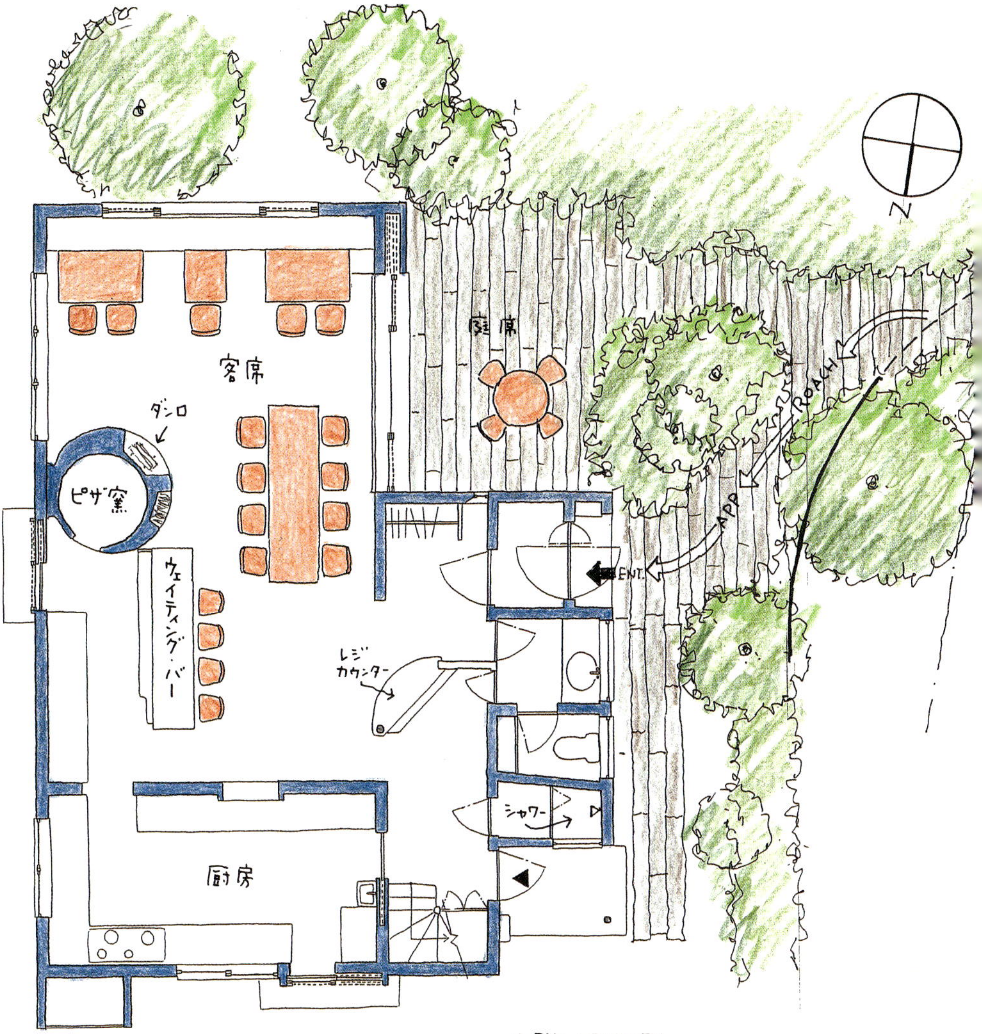

1階 平面図

右頁／アベリアとアイビーに挟まれた枕木敷きの長い長いアプローチ。右側の鉄板製の塀はやがて一段高くなり、大きく左手に湾曲したところに開けられた四角い穴がゲートである。ゲートをくぐってさらに進んだところで入口ドアが出迎えてくれる。

パインの床も、塗り壁も20年の歳月をたっぷり吸い込んでしっとりとした風合いを醸し出している。
左頁／直径2メートルの鉄板製の円筒の客席側は暖炉、厨房側はピザ窯になっている。円筒は仕上げをせず黒皮のままにしてある。錆は当初心配したほどは出なかったようだが、もしかしたら三谷さんが小まめに手入れしをしてくれているのかも知れない。

［イタリア料理 みたに］

こぼればなし

長野県の松本市に足繁く通うようになってから、かれこれ三五年ほど経ちます。最初のきっかけは木工作家の三谷龍二さんの住宅を手がけたことですが、すぐに安曇野の家具職人と協働で家具を製作するようになったこともあり、松本を行き来する「特急あずさ」には何十回となくお世話になりました。

出掛けて行けば泊まって帰ることになり、泊まるとなると食事することになり、食事をすれば当然お酒を呑むことになり……で、松本市内の飲食店にはずいぶん詳しくなりました。

行きつけのお店もいくつかできましたが、女鳥羽川《めとばがわ》沿いに居心地がよくて、美味しいイタリアンのお店があり「ランチに本格的なパスタが食べたい」というときや「今夜は美味しいワインを呑もう」というときは、自然にそちらに足が向きました。

お店の名前は「軽食堂・みたに」。店名にわざわざ「軽食堂」と入れるあたりにオーナーシェフの三谷憲雄さんの個性とこだわりがうかがえます。余談ですが、この三谷さんは三谷龍二さんとは兄弟でも親類でもなく、同性は偶然です。

その「軽食堂・みたに」が中央線の線路の反対側（西側）にある白板《しらいた》というところに移転することになり、馴染み客になっていたぼくがお店の設計をすることになりました。

白板という地名は、松本城をつくるときに材木置き場にしていたことに由来する地名だそうですが、女鳥羽川沿いのように観光客が闊歩する華やいだ地域ではなく、ひっそりと、いくらか寂しげな雰囲気の土地柄です。その「ひっそり」ぶりに輪をかけるように、新しいお店は長い長いアプローチの奥に「ひっそり」と建てました。錆びた鉄板製の塀で駐車場と仕切ったアプローチは枕木で舗装し、この小径がお店のサインの役割をして、お客様を誘い込む趣向です。「隠れ家的なレストラン」と書けば、きっとその雰囲気が伝わるかも知れません。

レストランの室内は簡素なしつらえですが、中ほどに直径約二メートルの鉄板製の円筒をデーンと据えました。円筒の内部には厨房側にピザ窯を、客席側に暖炉を組み込んであります。

建物にそのピザ窯用と暖炉用の二本の煙突があることや、アプローチの鉄板塀、入口扉と窓に嵌めた鉄格子、室内に鋼鉄製の円筒という具合に「鉄」という素材を随所に使ったことについて、完成後、シェフの三谷さんが笑顔でこんな話をしてくれました。

「煙突が建物から二本突き出しているのは、ぼくには懐かしい風景なんですよ。実家が銑鉄鋳物《せんてついもの》の工場をしていたのでキューポラの二本の煙突がぼくの家の目印でね。そうそう、ピザ窯の円筒が実家《うち》にあったキューポラとちょうど同じくらいのサイズだったなぁ。まったく、すごい偶然ですよね。」

もしかしたらこの土地には鉄と煙突を引き寄せる磁力のようなものが備わっていたのかも知れません。

あめや

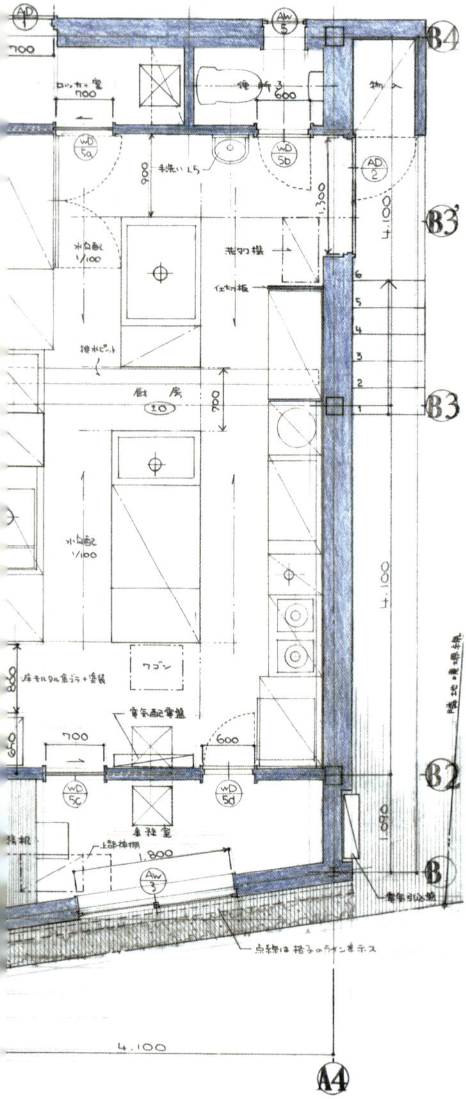

上／開口部に掛けられた暖簾がお店のサイン。一歩踏み込むと、外の喧騒がシュンと遠のく。下／暖簾をくぐって左手に数段上がったところにお店の入口扉。正面に待ち席が設けてある。見開きにまたがる図面は手描きの実施設計図。

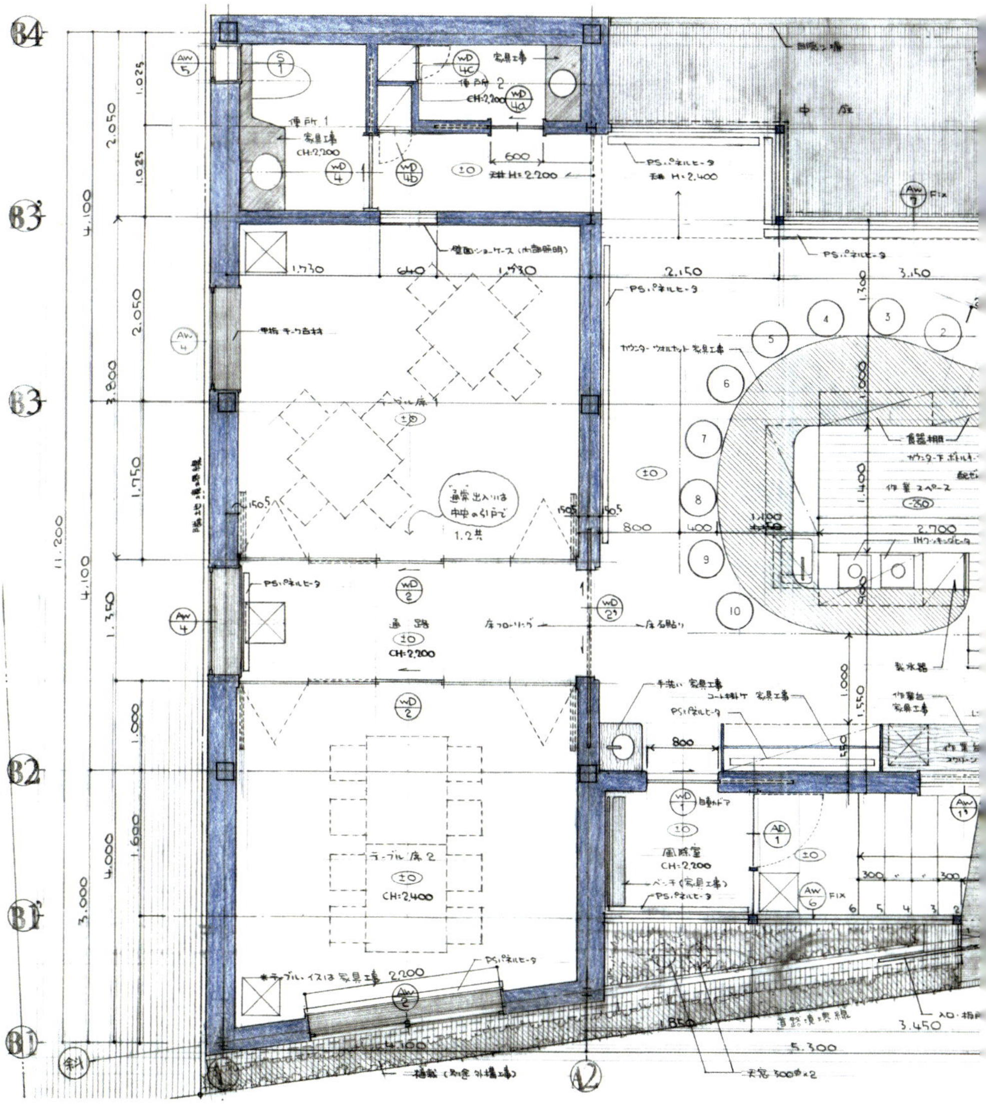

便所 1
家具工事
CH:2,200
便所 2
中庭
PS・パネルヒータ
壁面ショーケース（内部照明）
カウンター ウォルナット 家具工事
テーブル席 1
通常出入りは中央の引戸で
通路
床フローリング
床石貼り
テーブル席 2
CH:2,400
※テーブル・イスは家具工事
食器棚
作業スペース
製氷器
手洗い 家具工事
コート掛ケ 家具工事
自動ドア
風除室
ベンチ（家具工事）
道路境界線
天窓

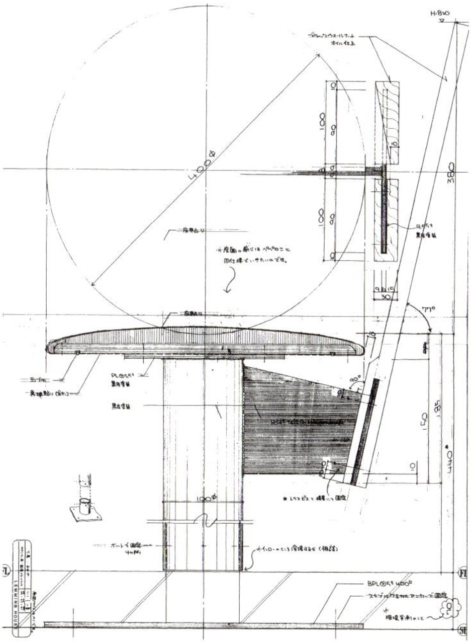

固定式のカウンター席の椅子の写真と図面。寄りかかると背板が撓《たわ》むので座り心地がよい。革張りの座面は使い込まれるにしたがって見ちがえるような風合いになっていく。
右頁上／10人で囲むカウンター席。真ん中に若主人が陣取ってサービスする。正面の壁の左手に飾ってあるのが、古いウナギ捕りの道具。
右頁下／カウンター席の背後には光庭がある。グラウンドカヴァーに富貴草《フッキソウ》が植えてある。

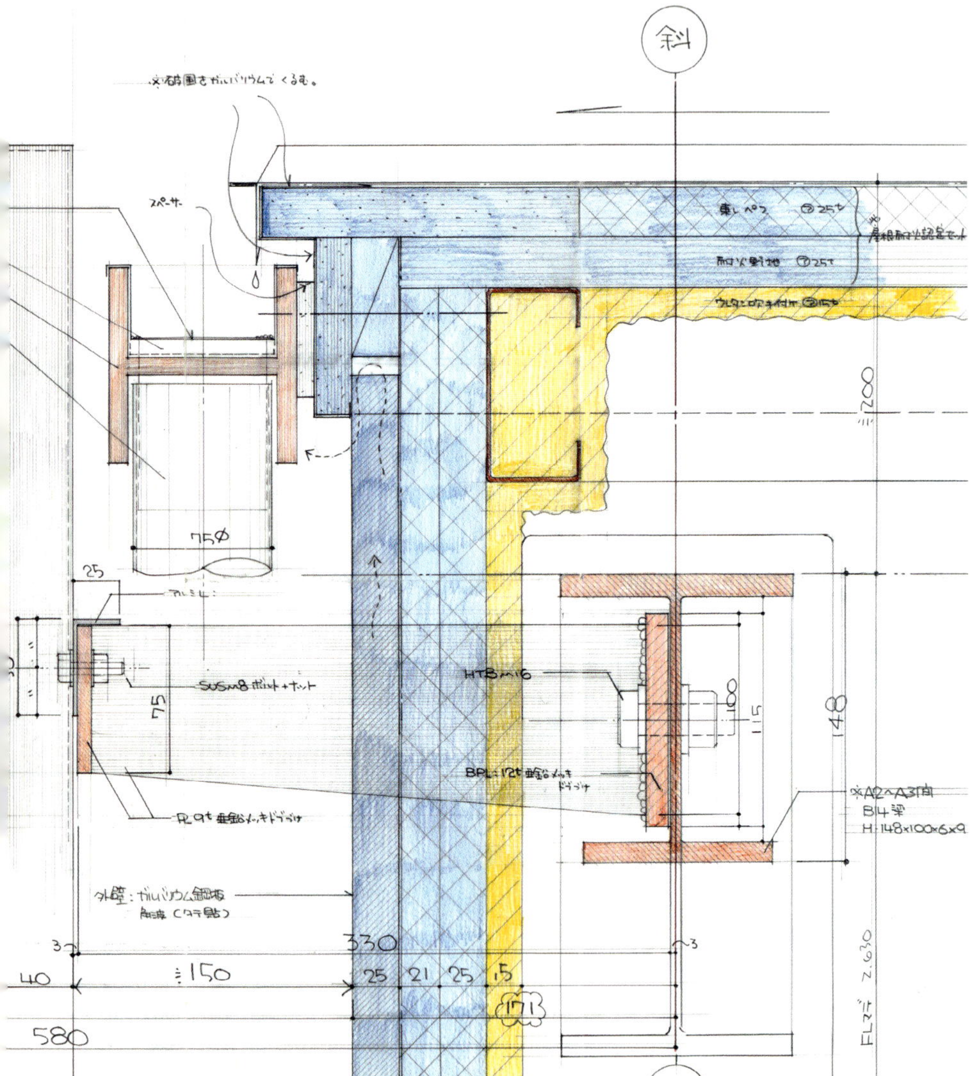

外壁とアルミ格子の原寸図

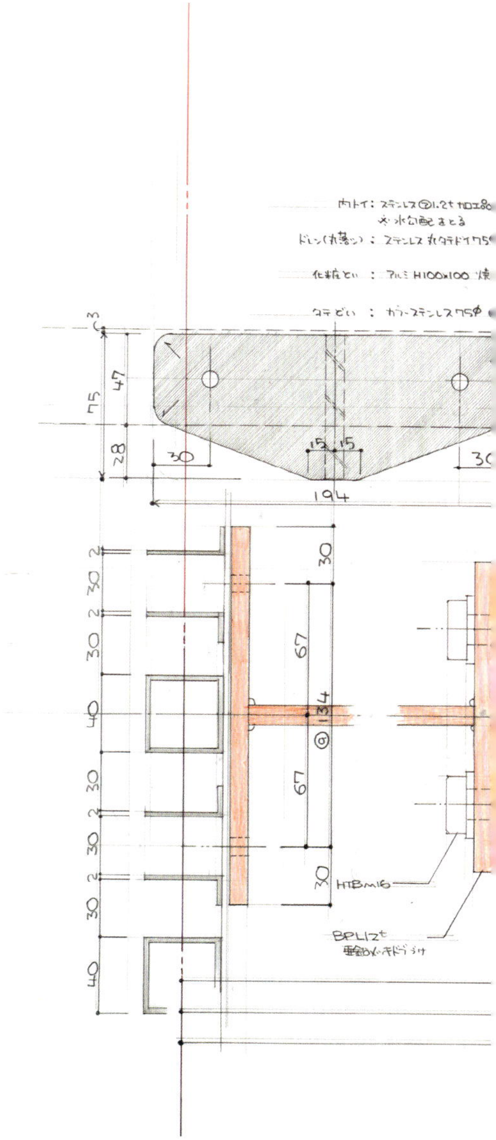

上／テーブル席の個室。話し声や物音の響かない静かな室内にするため、壁面は布団仕込みの吸音仕様にしている。
下／掛け売りしていた時代の大福帳を利用して、壁面に埋め込む照明器具に仕立ててみた。

拡張された道路に面する、全面格子と瓦屋根で構成したファサード。背後に見える切妻の建物が「あめや」一家の住居部分。
水撒きしているのが「あめや」を切り盛りしている女将。

［あめや］

こぼればなし

いきなり所帯じみた話で申しわけありませんが、自宅でも事務所でも「お醤油」と「だしつゆ」は、長年、七尾の一本杉通りにある「鳥居醤油店」から取り寄せています。

「鳥居醤油店」は大正十五年から続く老舗で、麹蓋で麹をつくり、木桶で熟成させる昔ながらの製法でお醤油をつくっています。化学調味料をまったく使わない味覚がクセになるらしく、家でも事務所でも台所には欠かせない必需品になっています。

鳥居家は代々女性が店を継ぐ習わしだそうで、お醤油をつくっているのは三代目の鳥井正子さんです。この正子さんの屈託のない人柄と、細かな気配り、そしてなによりも気っ風のよい「肝っ玉母さんぶり」に魅了されるファンは多いのですが、何を隠そう、ぼくもその熱烈なファンのひとりです。

そして、その正子さんの紹介で知り合ったのが「肝っ玉度」では正子さんに勝るとも劣らない「あめや」の女将《おかみ》です。

「あめや」は七尾の鰻屋さんで、創業は大正十三年といいますから、九〇年以上の歴史のある七尾の老舗のひとつです。

その「あめや」が前面道路の拡張に伴ない移転して建て替えることになり、どういう風の吹きまわしだったか、肝っ玉女将の鶴の一声で、ぼくが店舗と住宅の設計監理を仰せつかりました。余談ですが、住宅のほうの実施設計と現場監理の助っ人をしてくれたのは地元の七尾で設計事務所を営む女流建築家のKさんです。このKさんも相当な「肝っ玉」で、ぼくの知る限り、この三人が泣く子も黙る七尾の「三大・肝っ玉」です。

ところで、店舗の新築を機会に童顔でチャーミングな人柄の「あめや」のご主人は厨房にまわって裏方（援護射撃？）に徹することになり、代わりに息子さんがカウンターの真ん中（前線？）に陣取ってお客さんの相手をすることになりました。

設計にあたって、カウンター席には若々しく華やいだ感じを出し、個室にもなりうるテーブル席にはひっそり落ち着いた感じを出すよう心がけました。ここで白状しますが、設計に着手した当初、カウンターの形を「うなぎ」の「う」の字の形にしたいと思ってあれこれスケッチを重ねましたが、どうやっても「う」の頭の点の行き場がなくて、泣く泣く諦めました。代わりに……ではありませんが、カウンターの椅子のほうは、後ろに寄りかかると背板が撓《たわ》むようにしたため、見かけよりずっと座り心地のよい椅子になりました。

さて、最後に外観のデザインについてですが、道路に面したファサードはなんといってもお店の顔ですから、デザインは念入りにしています。最終的にはアルミの角パイプとアングルを組み合わせたリズミカルな縦格子で全面を覆い、その一部に開口部を穿ってエントランスにしました。

愛蔵しているウナギ捕りの道具をアクセントにした簡素な暖簾がお店のサインになっています。

RUSTIQUE
RESTAURANT
RUSTIQUE

アプローチ側から見たレストラン入口周辺。手前はゲスト用の駐車場。断面計画上の理由から招き屋根を採用したことで、高窓からの採光・通風・換気が可能になった。

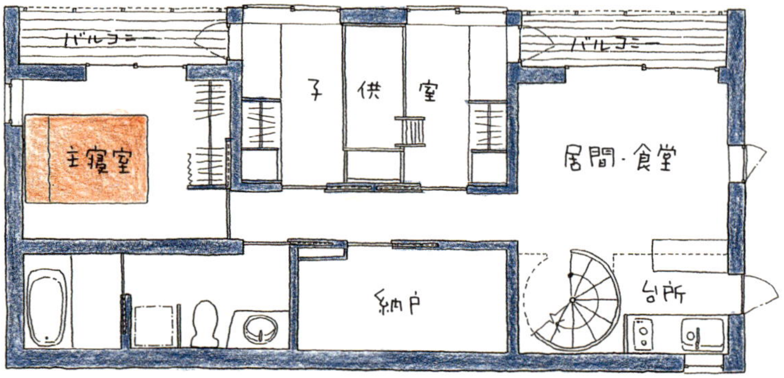

1階 平面図

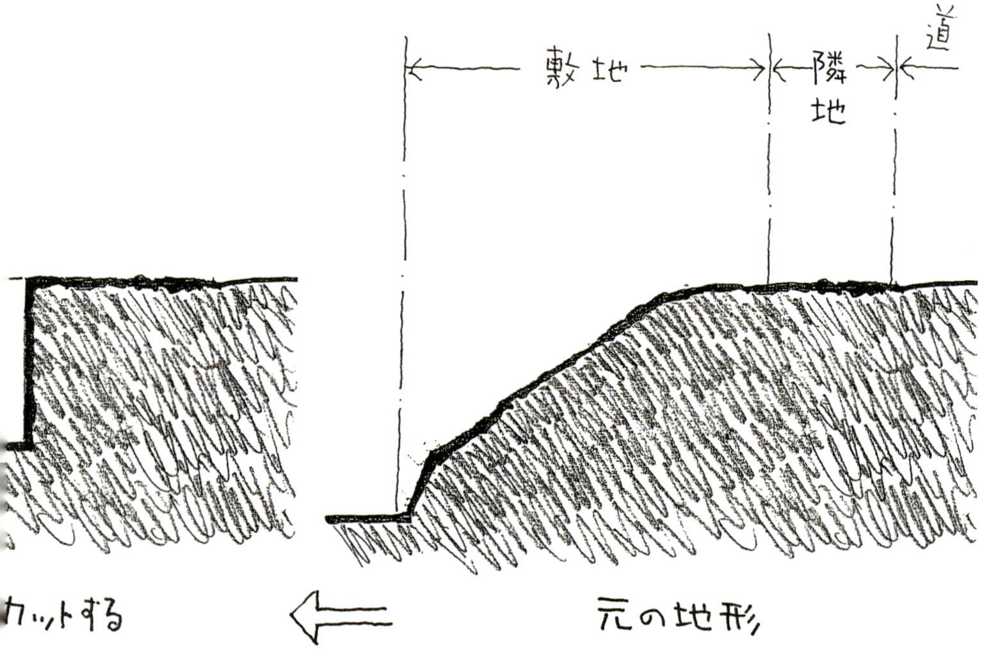

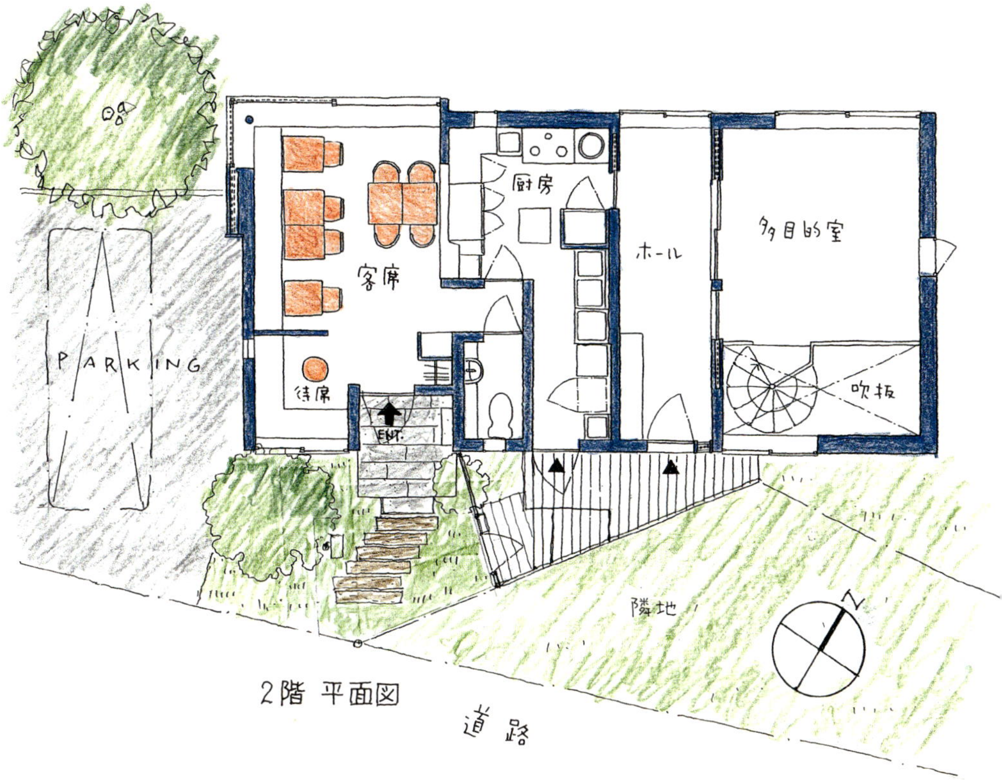

2階 平面図

道路

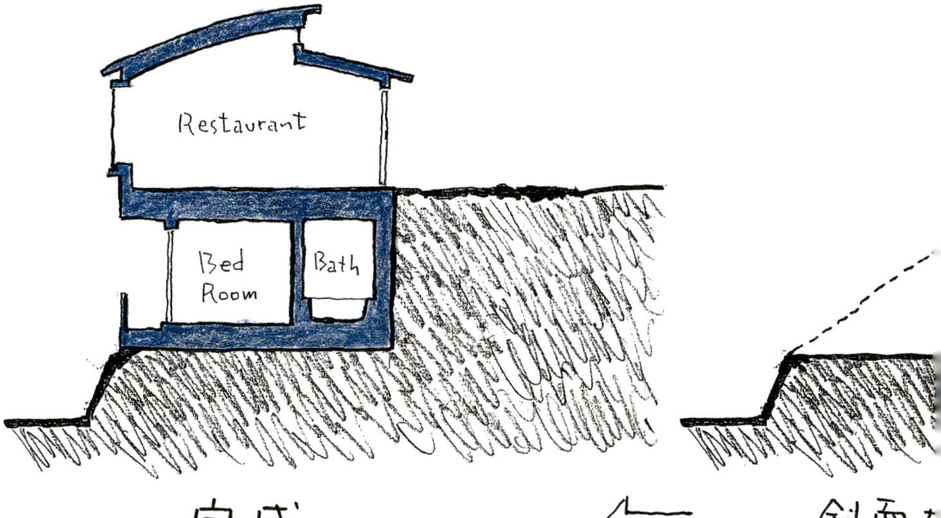

完成 ⟸ 斜面を

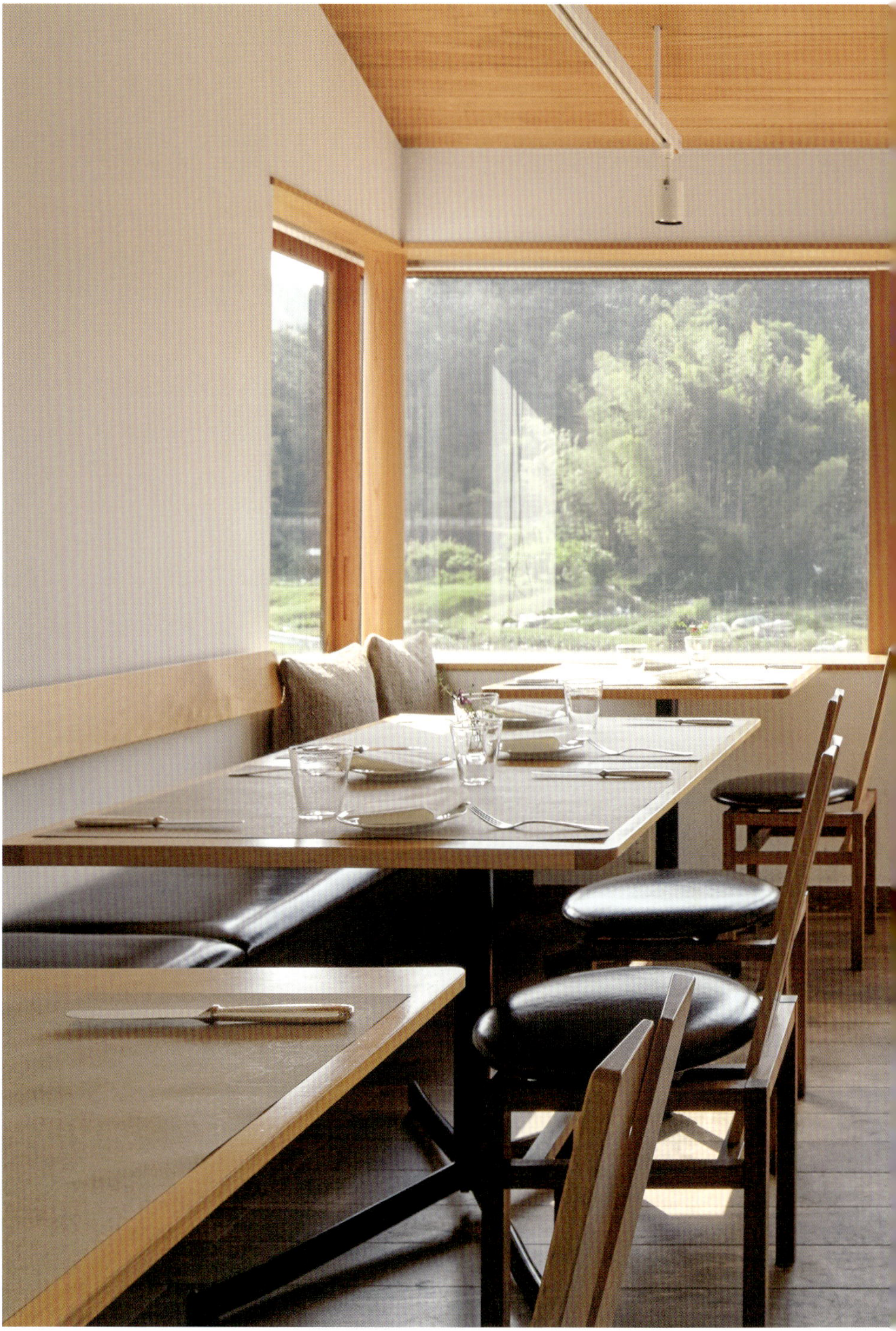

本日のおすすめ
ホホ肉の黒ビール煮込 ¥2500
長崎産 天然鯛
長崎産 いさき
¥1,600
長崎産 甘鯛のムニエル ¥1950
お肉
★ビーフシチュー ¥2800
★牛ヒレステーキ ¥3000
ALL ¥800
ブイヤベース
アスパラ
新じゃがの
グラタン

110・111頁／京田辺ののどかな田園風景を愛でながら食事を楽しむことができる、こぢんまりした店内。この風景をぼんやり眺めているうちに、店名を「鄙《ひな》びた」という意味のRUSTIQUEにしようと思い付いた。つい先日、正面左に見えるこんもりした山が前方後円墳の一部であると判明。なにやら由緒ありそうな風景だと思っていたので、思わずポンと膝を叩いた。
右頁／客席の様子。高窓は採光・通風と同時に、夏場は室内の熱気を外に排出する換気の役割を果たす。
左頁上／厨房方向を見る。右手奥に見える扉はトイレ用。
左頁下右／入口扉の、望月通陽作のブロンズの把手。望月さんはこの店のロゴマークとランチョンマットの書き文字も手がけてくれた。
左頁下左／黒板裏手のスペースは待ち席。

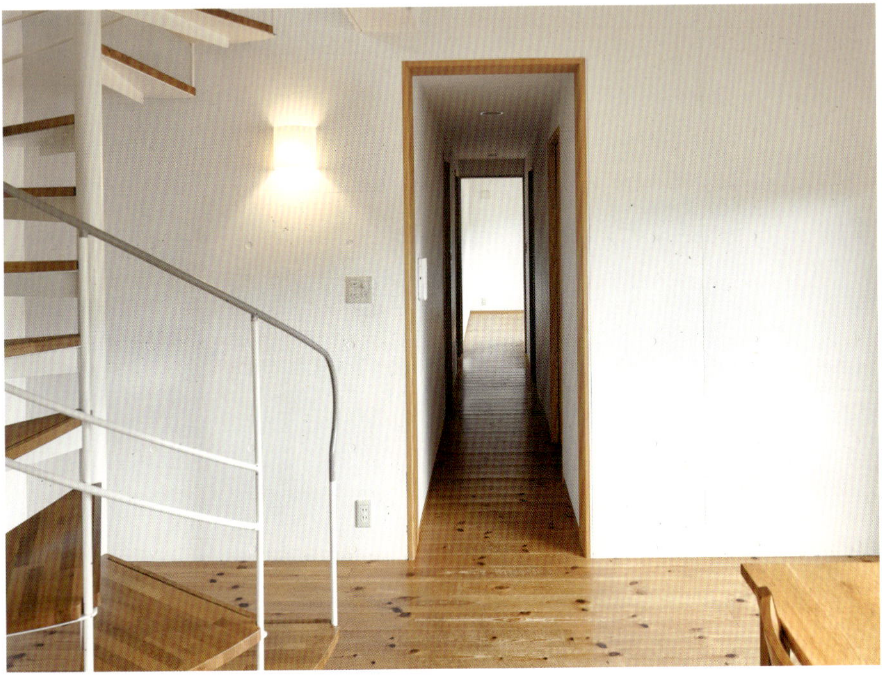

上／螺旋階段を降りたところが住居部分。中廊下の左手に納戸と水まわり、右手に子供室、正面に主寝室がある。
下／住居の食堂から台所を見る。台所の上部は吹き抜けている。
左頁／住居ゾーンの2階にある多目的室。撮影したこの日は「日々花」の雨宮ゆかさんの生け花教室が開かれていた。

招き屋根で道路側を低く下げることで、建物を親しみやすいスケールにしている。道路側のファサードから店舗併用住宅であることは分かるが、この建物が2層であることに気づく人は少ない。

［RUSTIQUE］

こぼればなし

RUSTIQUEのオーナーの樺井夫妻は、以前、近鉄京都線沿いの町でこぢんまりしたビストロを営んでいました。

地元の人が気軽にビールやワインを飲みながら食事のできるカウンターだけの気さくな洋風食堂でした。常連客も多かったようですから、そのまま庶民的なお店を続けるという選択肢もあったかもしれませんが、夫妻は一念発起し、もう少し本格的なフレンチ・レストランに方向転換することにしました。

そして、ある日、ぼくの手元に奥さんの樺井由美さんから店舗併用住宅の設計依頼の手紙と、表紙に「家作り物語」と書かれたクロッキーブックが一冊届きました。ぼくの事務所には手紙で設計の依頼をしてくれるクライアントが多いので、手紙は驚くにあたりませんが、クロッキーブック一冊分の手書き文字の読み物（それも「前編」とあったので、そのうち「後編」も届くらしいのです。）に驚いた……というより、気圧されました。ところが、少々身構えて読み出したとたんに、たちまちぼくはその「家作り物語」に引き込まれました。「物語」は慎ましやかな自己紹介から始まりましたが、すぐに、いきなり吉本興行的なギャグが飛び出し、かと思うと新築を決心するに至った経緯が綿々とつづられたあと、自分がどんな建築が嫌いか、挿絵入りの説明になり、さらに急転直下、心境を吐露したしんみりとした調子に変わり、あげくは「さて、ここでクイズです。」といったお遊びコーナーもある……といった具合の、工夫満載、変幻自在、抱腹絶倒、前代未聞の読み物だったのです。

ぼくはクロッキーブックに読み耽りながら思わず吹き出したり、爆笑したりしましたが、読み終えてみると「物語」全体のトーンは決して「おふざけ」ではなく、行間から浮かび上がってくるのは、自身の「言葉の芸」の限りを尽くして、なんとか「ナカムラに設計を引き受けさせよう！」というひたむきな「熱意」でした。

由美さんの側から言えば「作戦は見事に的中」したことになるのでしょう、ぼくは設計を引き受け、さっそくスタッフと京田辺にある敷地を下見に行きました。敷地は田んぼや畑の向こうに鎮守の森を見晴らすのどかな田園地帯にあり、環境といい、眺めといい、申し分ありませんでしたが、敷地そのものは細長い斜面で「敷地」というより「土手」でした。

その後、地鎮祭をする段になって神社に依頼に行ったところ、なにしろ平らな場所のない「土手」で、斎竹《いみだけ》を四方に立ててしめ縄を張り巡らすことができないため、「地鎮祭はできない」と、神主さんから断られてしまいました。

振り返ってみれば、この地鎮祭のことと見積り調整に少々手こずったぐらい（ま、これはいつものことですから）で、設計も工事も順調に進み、客席十二席の小さなレストランと家族五人の暮らす「家作り物語」はめでたく大団円を迎えました。

福光屋　ひがし

石畳のメインストリートを挟んで紅殻《べんがら》格子のお茶屋が建ち並ぶ、金沢の東の茶屋街。「福光屋 ひがし」はその一画にある。かつて、ひがし茶屋街きっての名妓としてならした女性のゆかりの建物と聞く。文化財保護規制の強い地域で、工事にあたってさまざまな制約を受けるため難航した。

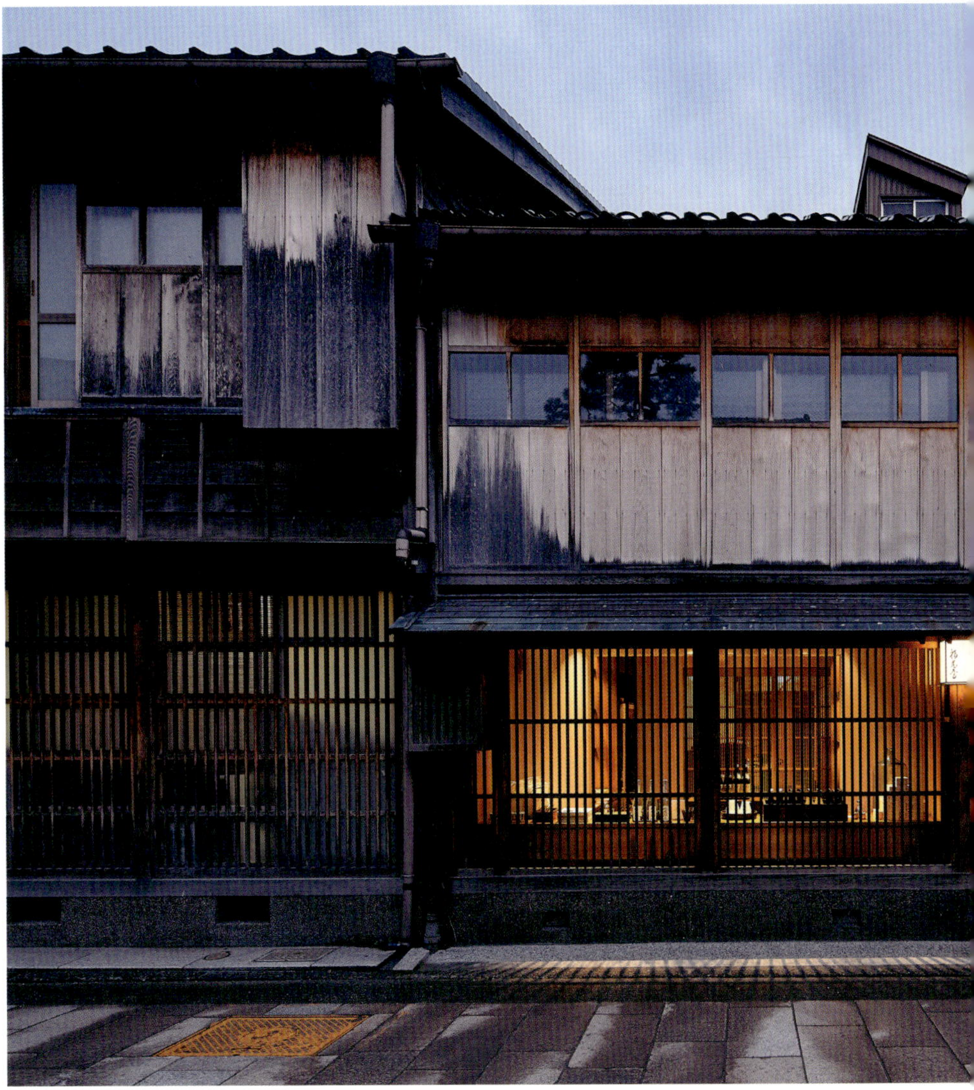

1階 平面図

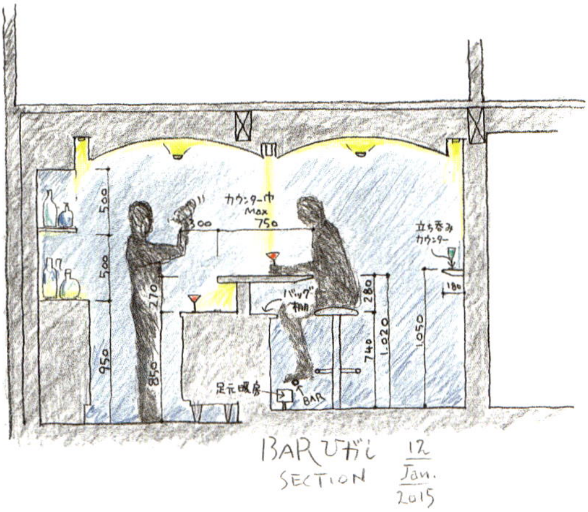

平面図と断面のスケッチ。断面を見ると分かるとおり、天井は手の届く高さ。中央の梁をかわしてヴォールト天井を並列させ、その凹面を間接照明のレフ板にしている。
右頁／玄関ホールの広い土間と正面の階段はお茶屋時代の名残なので、可能な限りその雰囲気を残した。

バー内部の様子。飛行機の翼のようなブラックウォールナット製のバーカウンターは横山浩司作。ヴォールト天井とヴォールト天井の間のスリットに仕込んだスポットライトが、カウンターに置かれたグラスを照らす。
左頁／店内のディテールあれこれ。右下は立ち飲み用の奥行き18センチのカウンター。BARCAROと呼ばれるヴェネツィアの立ち飲み屋にあるカウンターからヒントを得て。

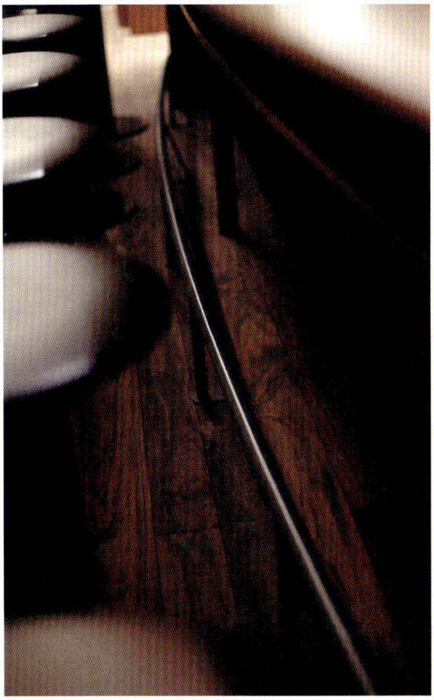

福光屋
辛口
加賀鳶
黒麹仕込
福

軒下行灯《あんどん》はひがし茶屋街共通のデザイン。その行灯の上の燕の巣に注目！　4羽の燕の子がお行儀よく親燕の帰りを待っている。
右頁／ひがし茶屋街のメインストリート側の物販コーナー。福光屋は糀甘酒から化粧品まで、酒造関連の商品も多く、日中、店内は観光客で大賑わいに賑わう。

［福光屋 ひがし］

こぼればなし

お酒が好きでね、よく呑みます。

日本食なら、とりあえずビールからはじめて日本酒に進む自然な流れ。フランス料理なら、シャンペン、ワインときて、食後はカルバドスで締める。イタリア料理なら、プロセッコ、ワイン、そして最後は、やはりグラッパといきたいですね。中華料理なら、ビールで喉を湿したらあとは、ずっと紹興酒でも大丈夫。バーで静かに呑むときはギムレットやマティーニのグラスを舐めます。そうそう、マティーニといえば、ジェームス・ボンドはドライ・マティーニを注文するとき「ジンとウォッカとキナ・リレを入れ、氷のように冷たくシェイクしてくれ、あとはレモンピールを添えて大きなシャンペングラスで……」と言っていました。あいにくジンとウォッカとキナ・リレの割合までは憶えていませんが、いつか、ここぞと思うバーのカウンターに腰掛けた際に注文してみたいマティーニのレシピです。

閑話休題。「で、中でも一番好きなお酒は？」と訊かれると。じつは返答に窮します。頭の中に煩悩が渦巻いて言葉を失うのです。「では、一番よく呑むのは？」と訊かれてもやはり言葉を失います……が、あえて言えば「日本酒」ということになるでしょうか。それも純米酒。数年前からは「ぬる燗」にハマって、余生は、もう「ぬる燗」ひと筋になりそうです。

そんなぼくに金沢のつくり酒屋「福光屋」の福光さんから「ひがし茶屋街に日本酒のバーを開きたいので……」と設計依頼のお声が掛かったんですから、このときぐらい「ああ、日本酒好きの建築家でよかった」としみじみ思ったことはありませんでした。

さて、ご存知のとおり、ひがし茶屋街は金沢に三か所ある遊郭のひとつです。石畳でペイヴされたメインストリートの両側は紅殻格子のお茶屋がびっしり並んでおり、時代劇のセットに迷い込んだような錯覚さえ覚えます。

「福光屋 ひがし」は、この重要伝統的建造物群保存地区の一画にある由緒あるお茶屋を改修する仕事でした。バーを設計するのはもちろんはじめてのことですが、これまで、たんまり月謝（取材費と飲み代《しろ》）を払ってきた甲斐があってなんとか「それなりの雰囲気」にすることができたと思います。

ひとつだけ残念なことは、ここ数年、ひがし茶屋街が金沢の観光のメッカとして脚光を浴び過ぎて、外国人観光客（とりわけ中国や台湾からの団体客）がひしめき合う「自撮り棒」と「喧騒」の坩堝《るつぼ》と化してしまったこと。

「針一本　床に落ちてもひびくような　夕暮れがある」というのは、ぼく大好きにな田村隆一の詩の一節ですが、そんな黄昏どき「福光屋 ひがし」のカウンターで、人肌にお燗したとっておきの純米酒を心静かに味わえる日が来ることを祈念しています。

ギャラリー

絵画や彫刻を扱う「アートギャラリー」ではなく、食器や衣類や雑貨など、日常的な手工芸品を扱ういわゆる「クラフトギャラリー」が全国津々浦々に点在しはじめたのはいつごろからだったでしょう。作品をつくることはできても販売ルートのない工芸作家たちの展示会を開いたり、常設して販売してくれるクラフトギャラリーの存在が、どれだけ若い作家たちの才能を発掘し、作品の質に磨きをかけてきたことか、はかり知れないものがあります。

こうした生活に根ざし、日常的に使うことを目的とした工芸品を最近では「生活工芸」と呼ぶようです。生活工芸にたずさわる生活工芸派には論客が多く、ここ数年、活発な論戦が繰り広げられていることはご存知の方も多いことと思います。そうした論議を経て「生活工芸」という言葉が実態を伴ってしっかり世の中に根付いていくのかも知れません。

この章でご紹介するガラス作家の辻 和美さんは、その「生活工芸」という言葉を広めた立役者のひとりです。

ギャラリーやなせ

京町家を改修した「ギャラリー やなせ」は、西陣の細い路地の奥にひっそりとたたずんでいる。焼き杉板と漆喰壁の簡素な建物は、新しさと古さが混ざり合っている。右手の平屋部分が「ギャラリー やなせ」で、以前は西陣織の「紋彫《もんはり》」の作業場だったところ。奥の2階建ての主屋が柳瀬さんの住まい。
左頁／漆作家の作品を中心に扱う「ギャラリー やなせ」の店内。

展覧会によっては主屋の「店の間」と「中の間」も展示室として使われる。「店の間」の格子は既存の格子を丁寧に洗って再利用したもの。

主屋「中の間」から「店の間」をとおして通りの方向を見る。襖紙は漆べらを図案化したオリジナルの京唐紙。棟梁に版木を彫ってもらい、ご近所の「かみ添《ぞえ》」で手漉き和紙に刷ってもらったもの。

解体してみると築後100年以上を経た町家は「割り箸構造」と名付けたくなるほど、か細い柱と梁でつくられていた。とりあえず筋交いを掛けて倒壊を防ぐことから工事に取りかかった。

改修前

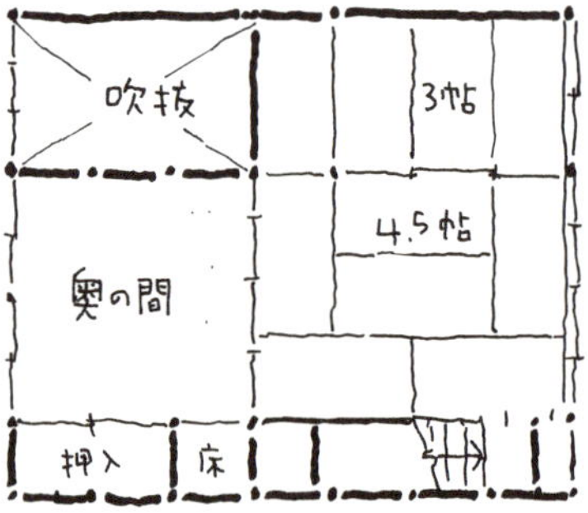

2階 平面図

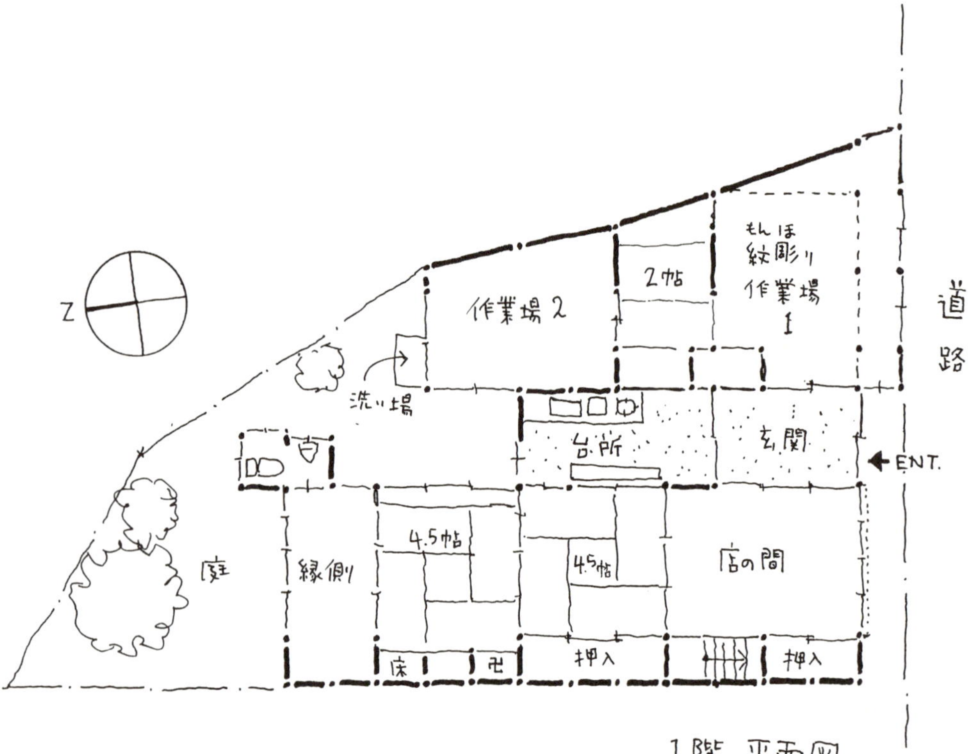

1階 平面図

改修後

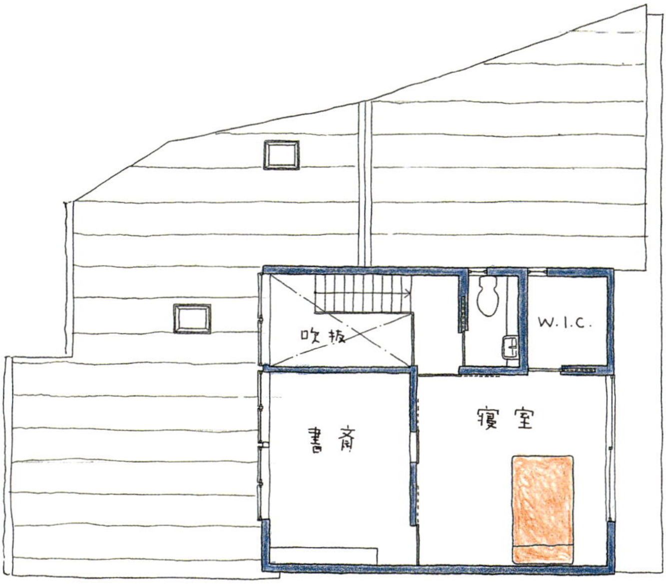

2階 平面図

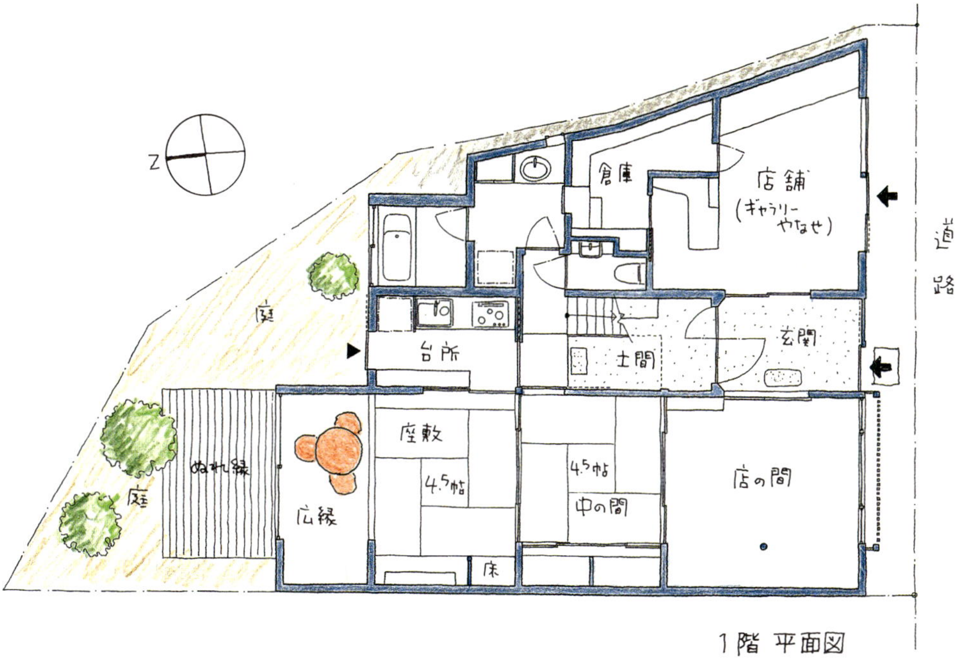

1階 平面図

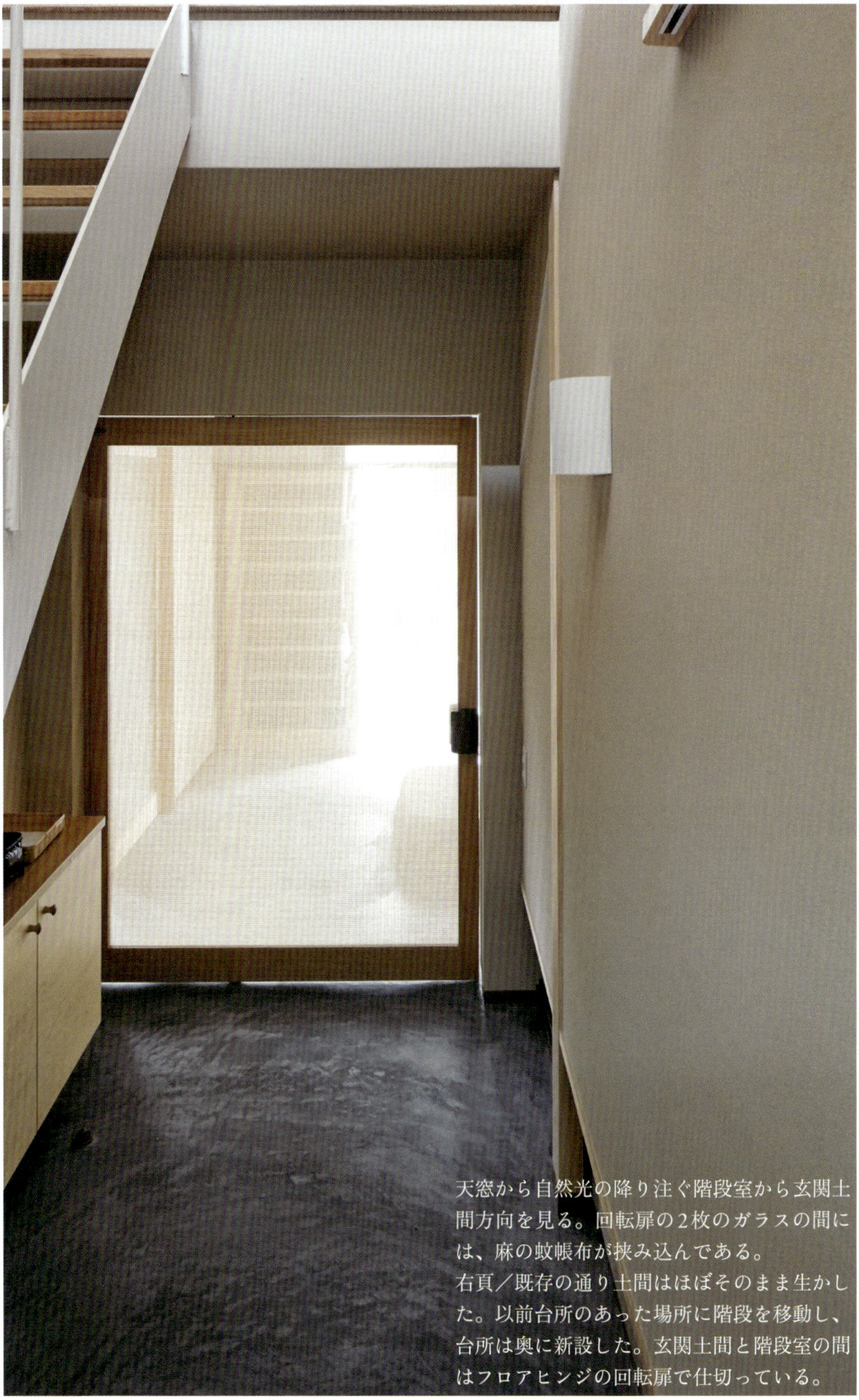

天窓から自然光の降り注ぐ階段室から玄関土間方向を見る。回転扉の2枚のガラスの間には、麻の蚊帳布が挟み込んである。
右頁／既存の通り土間はほぼそのまま生かした。以前台所のあった場所に階段を移動し、台所は奥に新設した。玄関土間と階段室の間はフロアヒンジの回転扉で仕切っている。

上／２階寝室。南に面しているので明るく風通しがよい。窓のプロポーションはオリジナルのまま。天井に露出する古い梁は、白く塗装した。
下／クライアントの柳瀬さんは大の猫好き。打合せはいつも飼い猫の話題に流れる傾向があった。
右頁／２階から階段室を見下ろす。緩い勾配の軽快な鉄骨階段の着地する床は、アテ材（能登ヒバ）を漆塗りしたもの。製作はもちろん輪島の赤木明登さんの工房。

主屋、住居部分の各種ディテール。座敷の床の間、地袋、飾り棚は、今回新設。船底天井は桐材、竿は煤竹《すすたけ》、壁は白聚楽《シロジュラク》、床は琉球畳と漆塗りの床。
左頁／店の間から、中の間、座敷、広縁をとおして中庭方向を見る。室内空間が奥へ奥へとつながっていき、最後は庭に流れ込む日本建築の特質が、ここにも現れている。

［ギャラリー やなせ］

こぼればなし

あるとき、日本酒を「冷や」や「常温」で呑むときの片口をデザインしようと思い立ちました。

そして、真っ先にこの仕事は輪島の塗師、赤木明登さんにお願いしようと思いました。酒器ですから「酒好きの赤木さんしかいない！」と思ったのです。その片口を皮切りに、一時期、赤木さんと一緒に漆の器をいくつもつくりました。ぼくがデザインした器を赤木さんに漆塗りで仕上げてもらう建築家と塗師のコラボレーションでした。この協働から生まれた作品を展示・販売する「好文・明登の二人三脚展」は、東京をはじめ、鹿児島、札幌、高松などで開かれました。

さて、ここ数年、その赤木さんが漆作家と漆の業界を元気づける船頭役として孤軍奮闘していることはご存知の方も多いことと思いますが、じつは赤木さんにはもうひとつ、知られざる「裏の顔」があります。赤木さんの塗師としての仕事は「世を忍ぶ仮の姿」。ここだけの話ですが、ぼくが主宰している零細設計事務所「有限会社 レミングハウス」の無給の営業部長として粉骨砕身の日々を送っているのです。

あるときは住宅の設計を依頼したいというご夫婦を紹介してくれましたし、またあるときは神楽坂の八百屋さんの仕事を取ってきてくれました。そして、つい最近は、能登半島の景勝地にオーベルジュの建設を予定している実業家に引き合わせてくれました。

そんな赤木さんから、京町家を改修してクラフトギャラリーと住まいに改修する「ギャラリーやなせ」の仕事を紹介してもらったのは二〇一三年の秋のことでした。依頼者は赤木さんの漆器の大ファンであり、もちろん赤木さんの大ファンでもある女性で、さる大手広告代理店を早期退社して、漆器を専門的に扱うギャラリーとご自身の住まいにしたいと考えているとのこと。電話とメールのやりとりからは、夢と理想をしっかり内に秘めた心優しい女性の気配が伝わってきました。

スタッフを連れ、さっそく下見に出掛けますと、その町家は京都の下町の雰囲気を色濃く残している西陣にあり、辻々に地蔵が祀られ、そこここに銭湯のある地域でした。一〇〇年前に建てられたという町家に大がかりな改修は施されておらず、京町家の原型をよく留めていました。典型的な町家と違うのは西陣織の「紋彫《もんほり》」の仕事場が付いていたことです。

町家部分を主に住まいとして使い、仕事場部分をギャラリーにする方針はすんなり決まりましたが、工事のほうはとても「すんなり」とはいかず、想像していたよりはるかに手間とヒマと工費のかかる改修工事になりました。

着手から完成まで十一か月。熱心な現場監督と腕のよい棟梁のおかげで乗り切れた長丁場の工事でした。

金沢町家改修プロジェクト

#1, #2

#1 モノトヒト

「好文堂」は中村好文のお気に入りの家具、食器、雑貨小物、Tシャツ、古道具、書籍などを商う店。営業期間は2014年4月14日～6月29日だった。
右頁／改修後のファサード。古色蒼然とした木部と錆鉄《さびてつ》の色が調和し、街並みに違和感なく溶け込んでいる。向かって右手、間口の約5分の3が「90days shop」、左手の約5分の2が「30days labo」である。

「好文堂」店内の様子。正面は赤木明登さんや安藤雅信さんとのコラボレーションによる漆器や磁器などのコーナー。ミシンの脚部を利用したショーケースの中には、ロベール・クートラスのカードなど「お宝」が入っている。壁に掛かっているのは、鍛鉄製のウナギ捕りの道具。
左頁下／白く塗装した既存の柱。枘《ほぞ》穴や虫食いの痕も埋めずにそのまま見せている。

錆び加工した鉄板を張った入口の引き戸。左側は30days Labo用、右側は90 days shop用。鉄板がベコベコしないようにわずかに湾曲させている。
左頁上／「モノトヒト」は90日間限定のショップと、30日間開催するギャラリーが共存していた。
左頁下／「factory zoomer/garelly」室内の手前はギャラリースペース、ミニキッチンを挟んだ奥に辻 和美さんの作品がズラリと棚に並ぶ「エリザベス・コーナー」がある。

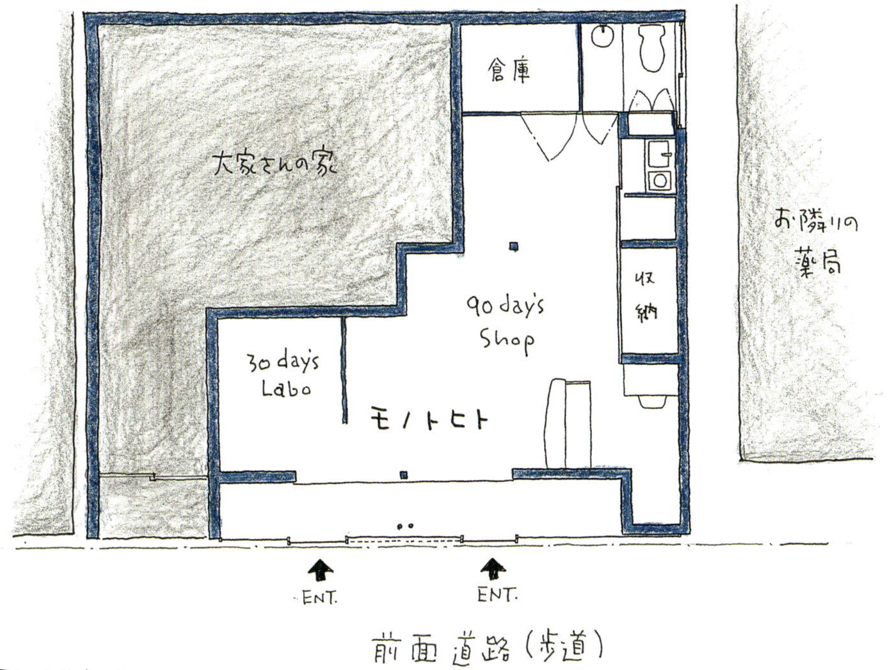

モノトヒト平面図

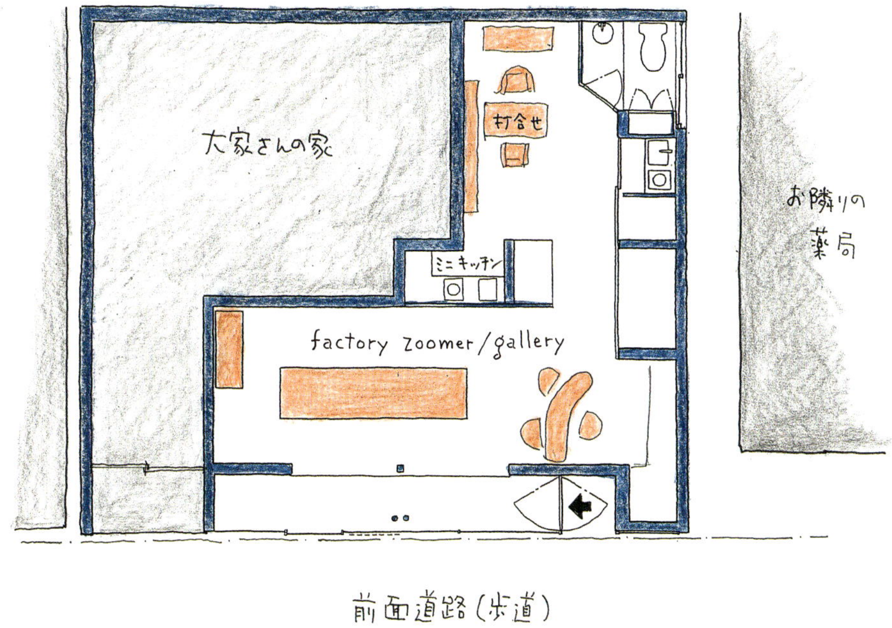

factory zoomer/gallery平面図

#2
factory zoomer/gallery

入口扉の前に設けたエントランスの踏み込み。これで雨の日にゆっくり傘を差したり畳んだりできるようになった。
右頁／「factory zoomer/garelly」ファサード。「あ、ここ、新しくなったね。」と、言われるように改修して欲しい……というのが辻さんの要望。そのあとで「明るい感じにね!」と追い打ちの言葉。

ギャラリースペースの壁と天井は新たに白く塗装を施し、床を染色したオーク材に張り替えて、ギャラリーは2016年4月1日、岩田啓介さんの個展でめでたくオープンした。

BLUES JAM AT CHESS

「辻さん、ご覧のとおりここはスペースに限りがあるし、予算にも限りがあるでしょうから、あまりいろんなことはできませんからね。」再度の改修にあたって、ぼくは辻さんにそう言いました。やんわり牽制したのです。辻さんは、一応しおらしい態度を見せましたが、その実、そんなことはどこ吹く風「あれは、こうしたい」、「これは、ああしたい」という具合にまったく悪びれることなく、遠慮することなく、次々に要望が出てきました。でも不思議ですね。設計者（ぼくです）と施工者の献身的な奮闘の甲斐あって、ご覧のとおり、美味しいコーヒーを入れるミニキッチンもできたし、打合せのできるブーメラン型の広いカウンターもできたし、奥にはエリザベス女王が買い上げたことがその名の由来の「エリザベス・チェア」に座って辻さんが訪問客のお相手をする「謁見コーナー」までできました。できないはずの「いろんなこと」が「できてしまった」のです。

［金沢町家改修プロジェクト #1 #2］

こぼればなし

金沢は工芸の盛んな街です。この街には伝統工芸という言葉も美術工芸という言葉もしっかり根付いていますが、数年前、そこに新たに「生活工芸」という名前が参入しました。市がガラス作家の辻 和美さんをディレクターに任命して「生活工芸プロジェクト」を立ち上げたのです。二〇一〇年の秋には市の事業の一環として、金沢21世紀美術館で「生活工芸展」というタイトルの展覧会も開かれました。

生活工芸がらみの展覧会は金沢21世紀美術館で三年連続で開催された後「生活工芸プロジェクト shop labo モノトヒト」という名称の次なるプロジェクトに引き継がれました。

「モノトヒト」は辻さんらによって選ばれた工芸にたずさわる人物が、市が借り上げたショップを使って三か月間だけのお店を開くというユニークな企画。わかりやすく言えば、三か月間だけ「お店屋さんごっこ」をしてもらおうという趣向です。

そして、金沢市がその「お店屋さん」のために借り上げた建物は、21世紀美術館の裏手、かつて県庁舎だった「しいのき迎賓館」の真向かいにある古い町家でした。建物は相当な年代物で、そのままではショップにはなりませんから、辻さんはそれをどう改修したものか考えあぐねていました。そしてある日、別の用件でぼくの事務所を訪れたとき、この町家改修の話をポロッと漏らし、ついでにタタキ台の図面をチラッと見せてくれました。その図面をひと目見たとき（たぶん魔が差したんでしょうね。）「辻さん、この改修はぼくがやりますよ！」と前後の見さかいもなく、ぼくは言い放ってしまったのです。もちろんボランティアの仕事です。しかも「やりますよ！」と言ってからオープンするまで一か月もない切迫した仕事でした。

さて、その改修のデザインですが「モノトヒト」の趣旨からいって町家の雰囲気の中にモダンな感覚を盛り込んだ改修でなければいけません。さっそく下見に駆けつけ町家の前に立ったとたん、直感的に「ここは、錆びた鉄とガラスでいこう！」というデザインの大方針が浮かび、その日のうちに工事に突入しました。そして、なんとかオープンに間に合わせたのでした。

そんな経緯があり、金沢の街が急に身近に感じられ出したとき、東京乃木坂にある「TOTOギャラリー・間」で開いた小屋の展覧会が、金沢21世紀美術館に巡回されることになりました。さらにその期間中に「モノトヒト」で三か月間「好文堂」と名付けたお店を開くことができました。

そして、その「モノトヒト」は二〇一六年三月、三年間の役目を果たして終了しました。せっかくの空間がもぬけの空になりかけたのですが、その場所を辻さんが引き継いでくれることになりました。そこで、またまたぼくがしゃしゃり出て、辻和美好みのシンプルで明るい「factory zoomer/gallery」に再改修させてもらいました。

工房

「工房」という言葉や「アトリエ」という言葉を聞くと、小さな物音に敏感に反応する猫の耳介のように身体のどこかがピクッ、と反応します。なぜそうなるのかも分かっています。「好き」だからです。
亡くなった画家や彫刻家のアトリエが公開されていると聴けば、ちょっと無理をしても見に行きました。レンブラントのアトリエとセザンヌのアトリエは素晴らしかった。ブールデルのアトリエもよかったし、ブランクーシの復元されたアトリエにも目を瞠《みは》りました。アトリエの主がいなくなっても、そこにたたずめば制作の気迫の残り香を嗅ぐことができますし、見渡せば今はなきアトリエの主の汗と脂の染みこんだ道具たちに目を奪われるのです。
そのことは、芸術家に限ったことではありません。同様のことはモノづくりの工房なら職種の別なくうかがい知ることができます。
ということで、この章ではパン工房とミシン工房をご紹介します。

Boulangerie JIN
Boulangerie
JIN
9:00
OPEN

神さんから最初にもらった手紙に「大げさでなく、外観からは店を感じさせない普通の建物が私たちのイメージしているパン屋です。」とあった。軒下に積み上げられた薪と、目立たないテントが店のサイン。この素っ気ないパン屋の前に、季節のよい時期には開店前から長蛇の列ができる。

右／上棟式には「餅撒《もちまき》」ではなく「パン撒き」をした。建物の四隅には「隅餅《すみもち》」の替わりに「隅パン」が飾られ、参加者の微笑を誘った。
左／「窯場の屋根を支える梁は、解体した納屋の梁を十字架のように組んで空中に架け渡しましょう。」と提案するにあたって製作した模型。

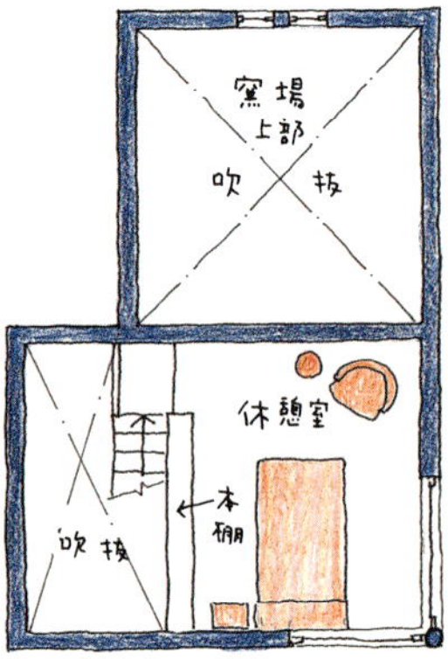

2階平面図

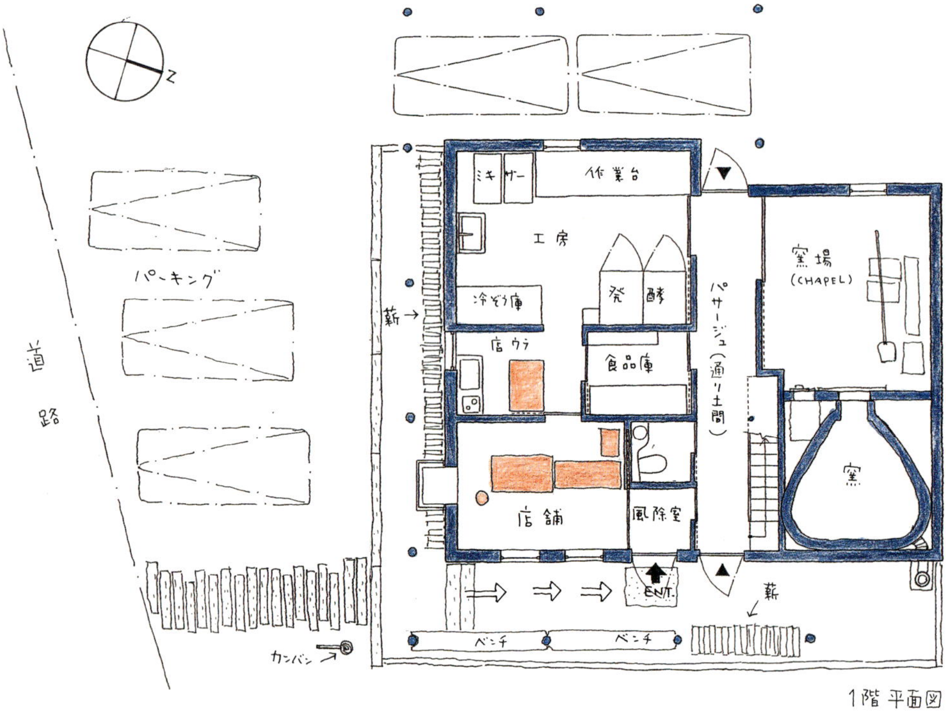

1階平面図

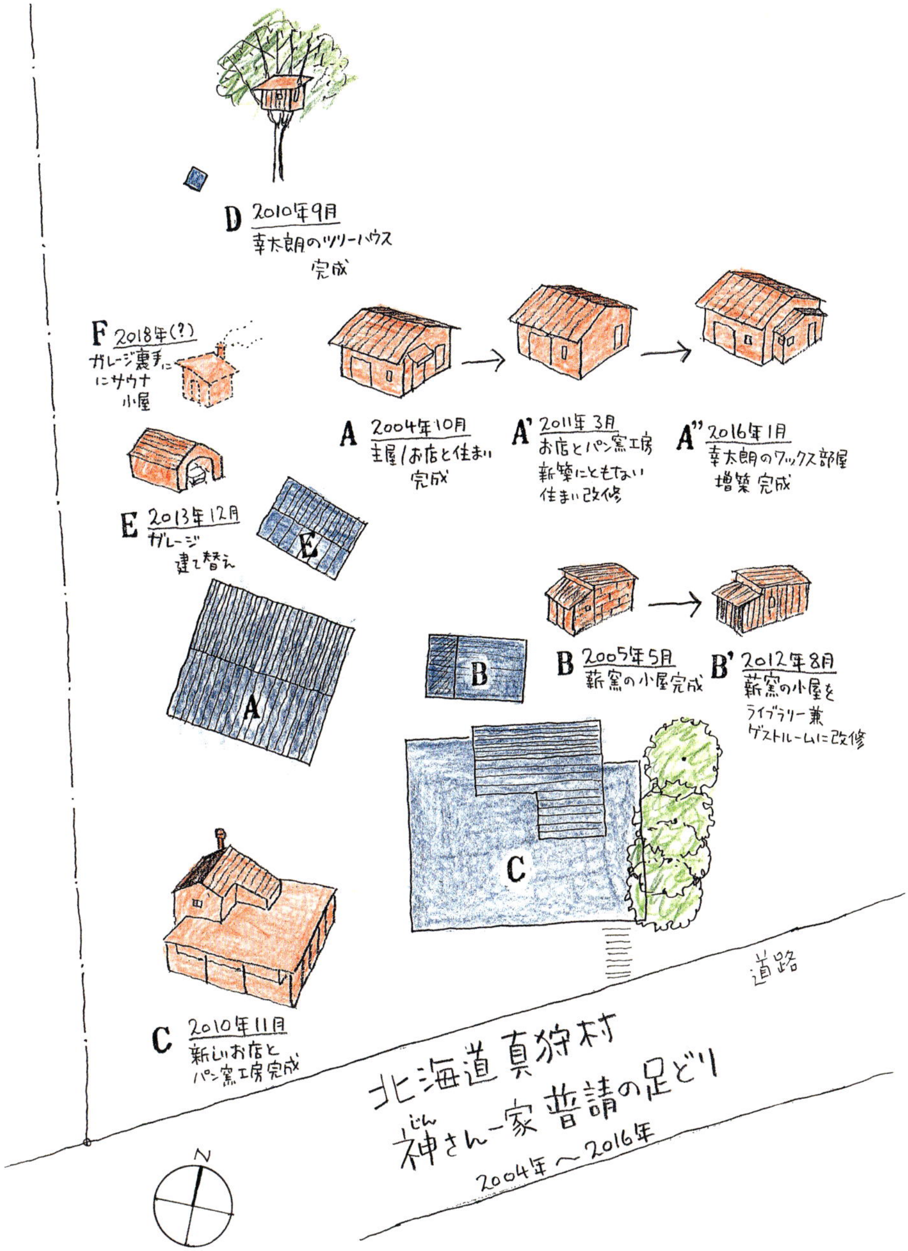

これまでの神さん一家の普請の足どりをイラストでたどってみた。毎年のように工事してきたことがわかる。

上右／以前のお店で使われていた鉄板切り抜きの看板を再利用した吊り看板。支柱は解体した納屋の梁を再利用。
上左／廃棄処分にするパン焼きのトレーに店名がプリントされている。それも「お客さまに来て欲しくないのかな?」と思うぐらい小さな字で——。
下／木工家・奥田忠彦製作の入口引き手。
左頁／畳6帖サイズの店舗内部。9時に開店したら、順次、焼き上がったパンが台に並び、並ぶやいなや待ちかねたお客さんに買われていく。

お客さんが4、5人入ると一杯になる狭い店内。冬期は薪窯の余熱をシロッコファンで床下に送り込んでオンドル式の暖房をしている。

FOUR A BOIS
FARINE DE MEULE
TOURTE
PAIN AUX FRUITS
RUSTIQUE
PAIN AU FIGUES ET NOIX
PAIN AU RAISAN ORANGE
CIABATTA
PAIN AU FROMAGE
PAIN AU MIEL
CROISSANT
Vive le bon et beau pain!

FOUR

釜にパンを入れる神さん。このときは「精神を集中させる瞬間」だと神さんは言う。窯場には終日トップライトからの柔らかな自然光が降り注ぐ。
右頁／煉瓦壁の背後にフランスに特注した薪焚きのパン窯が設置されている。1辺が3.6メートルほどもある大きなおむすび型の薪窯である。

[Boulangerie JIN]

こぼればなし

北海道真狩村《まっかりむら》のパン屋を営む神幸紀《じんとものり》さんから気持ちの込もった設計依頼の手紙を頂戴したあと、親密かつ刺激的な手紙のやりとりを繰り返しながら設計と工事を進めました。店舗とパン工房が完成したのは二〇一〇年の晩秋のことです。この普請の顛末については、神さんとの共著『パン屋の手紙』（筑摩書房）に詳しく書きました。

また、新しいパン窯を据えた工房ができたことで役目を終えた旧パン窯の小屋を読書室兼ゲストルームに改修した仕事は『中村好文 小屋から家へ』（TOTO出版）の中で紹介しましたので、興味のある読者にはそちらを読んでいただきたいと思います。

新築した建物は「店舗」とパン生地を仕込む「工房」と薪窯を据えた「窯場」の三つの部分でできています。「店舗＋工房」と「窯場」の間に「パサージュ」と呼んでいる中央通路を設ける案は、基本設計の終盤に神さんから出されたアイデアに基づくものですが、完成後に訪れてみると、その「パサージュ」がとても具合よく機能しているように見受けられました。

設計段階で神さんから届いた要望の中に「パンづくりはいろいろな作業が重なってとても慌ただしいものですが、パンを窯入れする瞬間は気持ちを集中させる精神的にも静かなときなので、薪窯でパンを焼く場所は、精神的に満たされ、自分とパンに心静かに向かい合える空間にしたい。」という意味のことが書かれていました。この言葉を受けて、納屋を解体したときに残しておいたタモ材の丸太の梁を十字形に架け渡して窯場の屋根を支え、神さんとはこの窯場を「チャペル」と呼ぶことにしたのですが、「パサージュ」は「チャペル」に入る前にひと呼吸おいて気持ちを鎮めるための前室の役目もしていましたし、「店舗＋工房」の裏動線としても効果的に働いているようでした。

ところで、神さん一家の普請計画（長期普請計画と呼ぶべきでしょうか）は、二〇一〇年の晩秋に店舗と工房が完成したところで終わったわけではありません。その経過についてはイラストをご覧いただけば一目瞭然ですが、神さんはほぼ毎年、ひとつずつ着実に普請計画を遂行し完成させています。

たとえば、昨年の一月には、神夫妻の長男でクロスカントリースキーの選手として活躍している幸太朗くんのためにスキーの板面にワックスを塗るための「ワックス小屋」を主屋の増築として完成させたばかりです……と、ここまで書けばもうお気づきのことと思いますが、これらの一連の普請の設計・監理はぼくが一手に引き受けています。つまりぼくは、神一家の「お抱え建築家」というわけです。

先日の神さんからの電話の用件は「来年はガレージの裏手にサウナ小屋をつくりたいので、ナカムラさん、また、よろしく。」というものでした。

南三陸ミシン工房

山と田んぼに囲まれたのどかな風景の中にポツンと建つミシン工房。3.11の東日本大震災で、このあたり一帯は津波で根こそぎ流された。

上／採光だけでなく、冬場の暖かな陽射しを採り込む建物南側のハイサイドライト。夏場は吹き抜け上部にこもる熱気をルーバー窓から外に排出する。
下／オープニングパーティー当日、入口脇の壁に皆川 明さんが描いた壁画。ボビンの糸をくわえる小鳥とワカメが描かれている「南三陸ミシン工房」のシンボル。

工房は質素そのもののローコスト建築だが、設計者としては、窓からの眺めや、刻々と推移するハイサイドライトからの光や、とおり抜ける爽やかな風が、働く女性たちの疲れを癒し、明日への意欲をかき立ててくれることを願って取り組んだ。
左頁／屋根を支える軽快なスチールトラスと、細いワイヤーで吊り下げた照明器具。

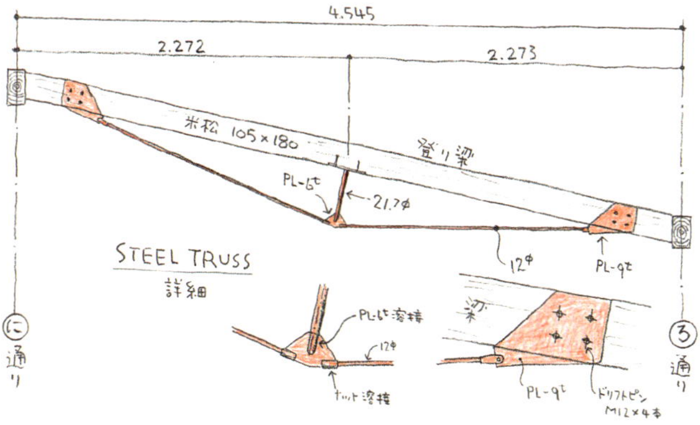
4.545
2.272
2.273
米松 105×180
登り梁
PL-6t
21.7φ
12φ
PL-9t
STEEL TRUSS
詳細
PL-6t 溶接
12φ
ナット溶接
梁
PL-9t
ドリフトピン
M12×4本
に
通り
ろ
通り

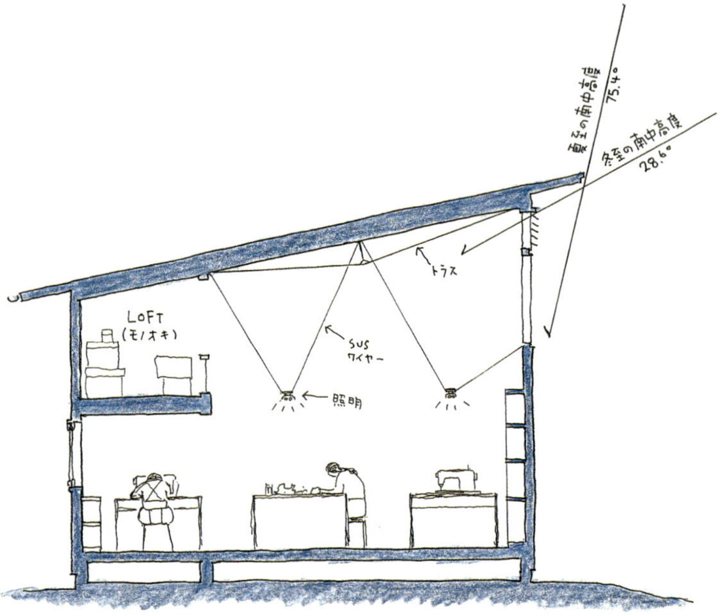
夏至の南中高度
75.4°
冬至の南中高度
28.6°
トラス
LOFT
(モノオキ)
SUS
ワイヤー
照明

A-A' 断面図

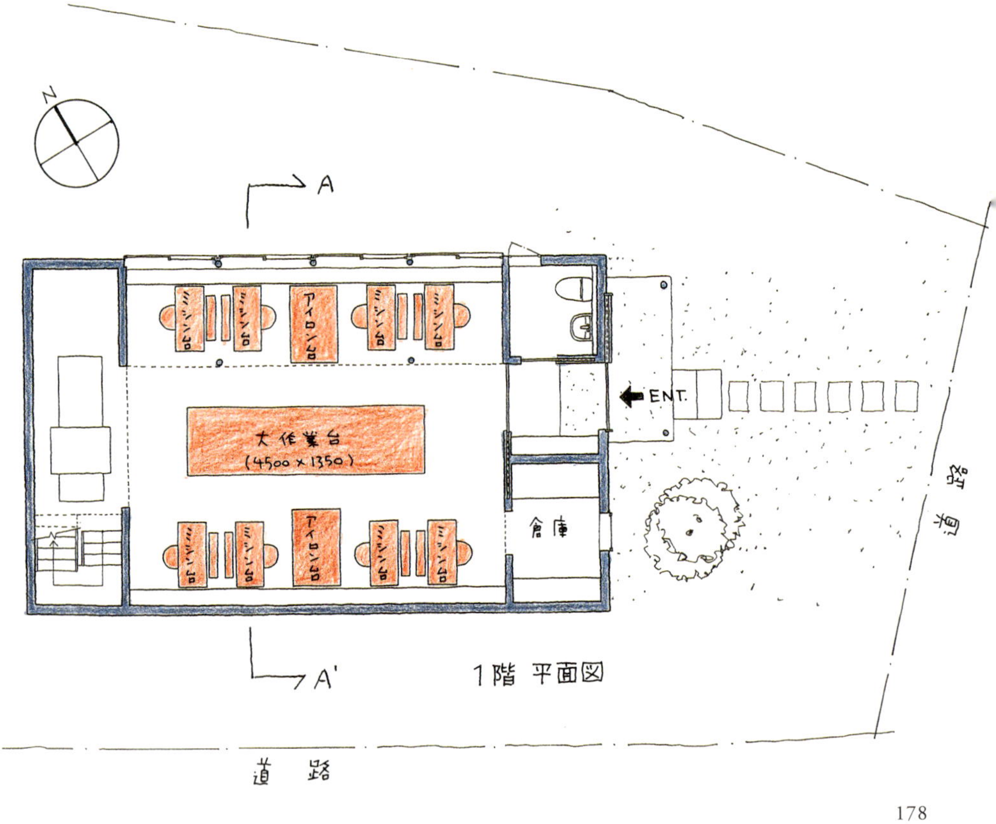
N
A
A'
ミシン台
ミシン台
アイロン台
ミシン台
ミシン台
大作業台
(4500×1350)
ミシン台
ミシン台
アイロン台
ミシン台
ミシン台
倉庫
ENT.
道路
道路

1階 平面図

工房には縫製の材料その他、荷物が多い。ハイサイドライトのある壁面以外は、コの字型に物置のスペースを巡らした。

［南三陸ミシン工房］

こぼればなし

　あるとき、カンボジアの女性たちを経済的にも精神的にも支援するために染織の仕事をしているグループに招かれて、建築家の視点から布の魅力についてお喋りする機会がありました。

　布については門外漢ですから、以前手がけた山荘に布天井を張ったときの苦労話とか、カイロの博物館でミイラが素晴らしく丁寧に布で包まれているのを見て感動したことなど、布について思いつくままにスライドをまじえてお話ししました。

　このとき、思いがけなく謝礼を頂戴したので、そのお金をそのままカンボジアの織物工房に寄付させてもらいました。それから二年ほど経って、シェムリアップ郊外の村にあるその織物工房を訪れたのですが、工房に到着するやいなや責任者の女性が微笑みながら案内してくれたのは、女性用のトイレブースの並んだ一画でした。その女性は怪訝な顔のぼくに向かって「このトイレはナカムラさんの寄付金で整備させてもらったんですよ。織子《おりこ》さんたちがとても喜んでね。」と言いました。そして、その場でかかった工事費の明細書を見せてくれました。さらに「じつは、まだ少し残っているお金で雨水を溜める甕《かめ》の蓋をつくってもいいですか？」と、木陰に置かれた大きな水甕《みずがめ》を指さしました。即座にぼくが快諾したのはいうまでもありません。

　これまでぼくは募金に応じたり義援金を送ったり、いわゆる寄付行為を積極的にはしてきませんでしたが、そうしなかった（そうできなかった）のは、大概の場合、そのお金がどこに、そして、何に使われたのか、はなはだ不明瞭であることに対する釈然としない気持ちを抱いていたからです。ところが、織物工房へのささやかな寄付金が最適な目的のために最良の使われ方をしていたことを目のあたりにして、心が晴れました。寄付金の使い途とその報告の「模範例」のように思えたのです。募金や義援金は、有意義に使われ、明朗に報告されるなら、それだけで確実に増額が見込めると思いますが、いかがでしょう。

　話は変りますが、二年ほど前、皆川明さんが、ミナ・ペルホネンの布製品を縫製している「南三陸ミシン工房」の職場環境があまりよい状態とはいえないので、南三陸の人たちへの復興支援の一環として縫製工房を建てたいと考えている……とポツリと漏らしました。前述したようにぼくは東北大震災の直後もほんの申しわけ程度の義援金しか出していませんし、思うところがあって現地に赴いてボランティア活動することもしていませんでしたが、このときは「ああ、これならぼくにもできる！」と、すぐに皆川さんに、その工房の設計と監理をボランティアでさせて下さいと伝え、設計に着手したのでした。

　ミシン工房で働く女性のほとんどが大津波で家を流された方たちでした。わずか二〇坪の簡素な建物ですが、この工房が家計を支える女性たちの心の拠り所になってくれることを願ってやみません。

ホテル
ゲストハウス

はじめて外国に出掛けたのは二〇代も半ばになってからでした。
このときはヨーロッパ各地を一か月半ぐらいかけて旅しましたが、はじめての海外を旅するにあたって自分に課したことがありました。それは、宿泊するホテルの部屋を実測し、五〇分の一の縮尺で記録しておくことです。ついでに、家具調度や部屋のしつらえで目に付いたことがあれば、心覚えにスケッチしておくことにしました。実測して図面化する作業を繰り返すことで観察力と身体寸法の感覚を養いたいと考えたのです。
このときの旅がきっかけになり、旅先でホテルの部屋を実測することがいつの間にかぼくの習慣になりました。「習《なら》い性《せい》となった」のです。
この章でご紹介する三つの仕事は、そうした長年にわたる作業の成果がわずかながらも「宿泊施設の設計」というかたちで実を結んだものです。思い返してみると、どの仕事も「建築家」というより「宿泊客の気持ち」で設計したものと言えそうです。

新大阪ステーションホテル
353

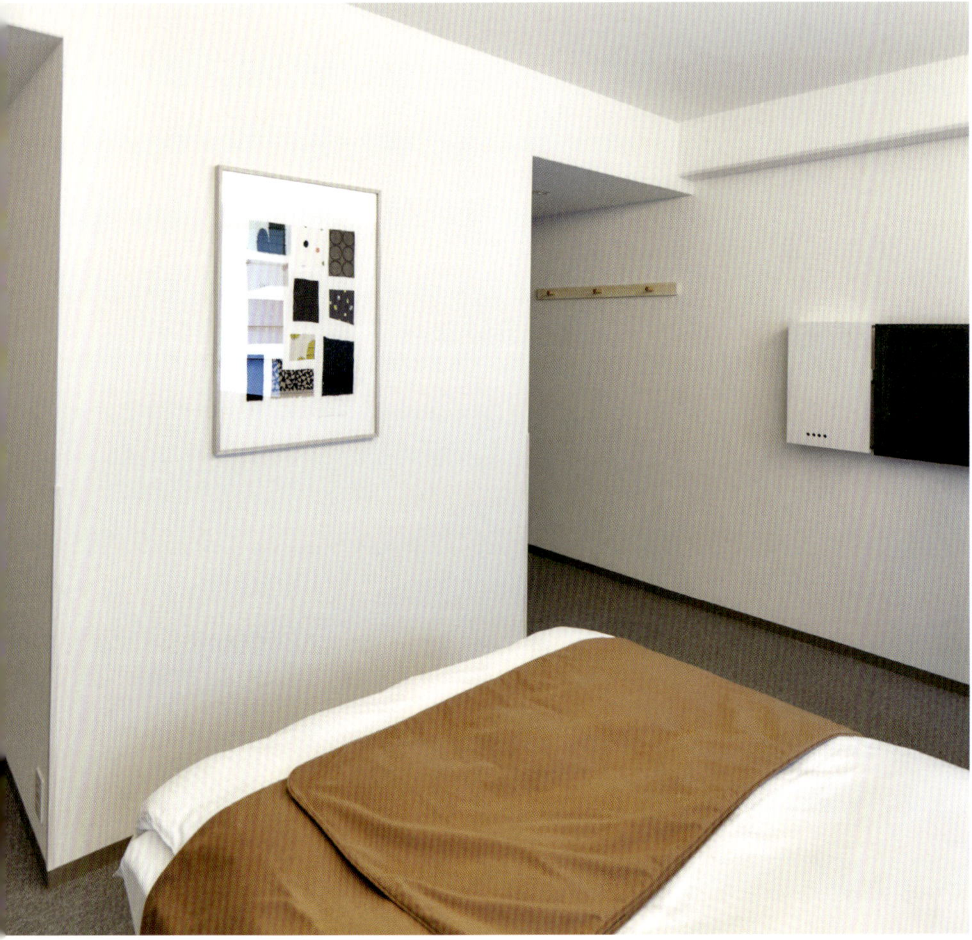

上／昼間は障子を透過した柔らかな拡散光が室内を満たす。
下／間接照明を灯した夜の室内。天井に向けた間接照明の照度で本が読める。すべての照明器具は調光器付きで、明るさを自在にコントロールできる。
右頁上／改修後の353号室。部屋のプランと使い勝手は、ユニットバスを部屋のどの位置に据えるかで大きく左右される。このタイプはユニットバスを部屋の中ほどに据えることで、入口のアルコーヴと、書斎コーナーをつくり出している。
右頁下／書斎コーナーは穴ぐら的な雰囲気がある。ヴィンテージのライティングビュローや中村好文デザインの椅子が置かれている。額の中のコラージュ作品はミナ・ペルホネンの端布《はぎれ》を組み合わせたもの。

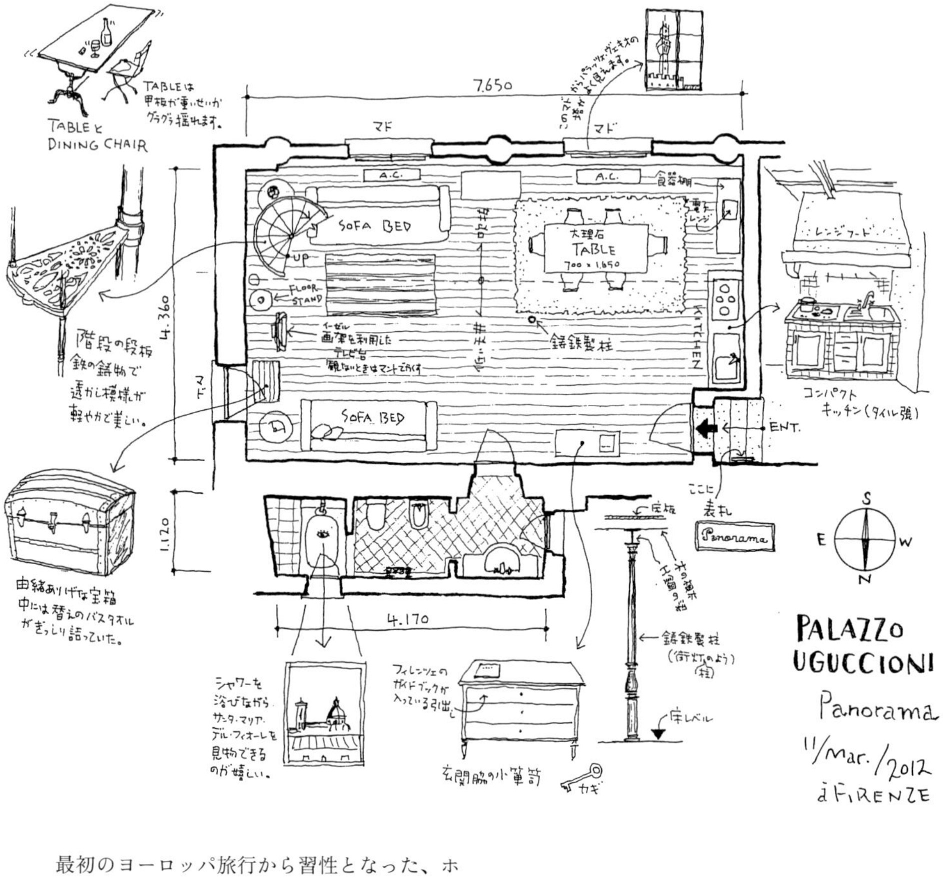

最初のヨーロッパ旅行から習性となった、ホテルの部屋を実測して50分の1の図面にする作業はいまだに続いている。上は5年ほど前、フィレンツェのシニョリーア広場に面するパラッツォに泊まったときのもの。
左頁／ふたつのシングルルームの隔壁を取り払って、ツインルームとダブルルームにするのが今回の仕事。353号室だけ、設計者の「わがまま仕様」のしつらえになっている。

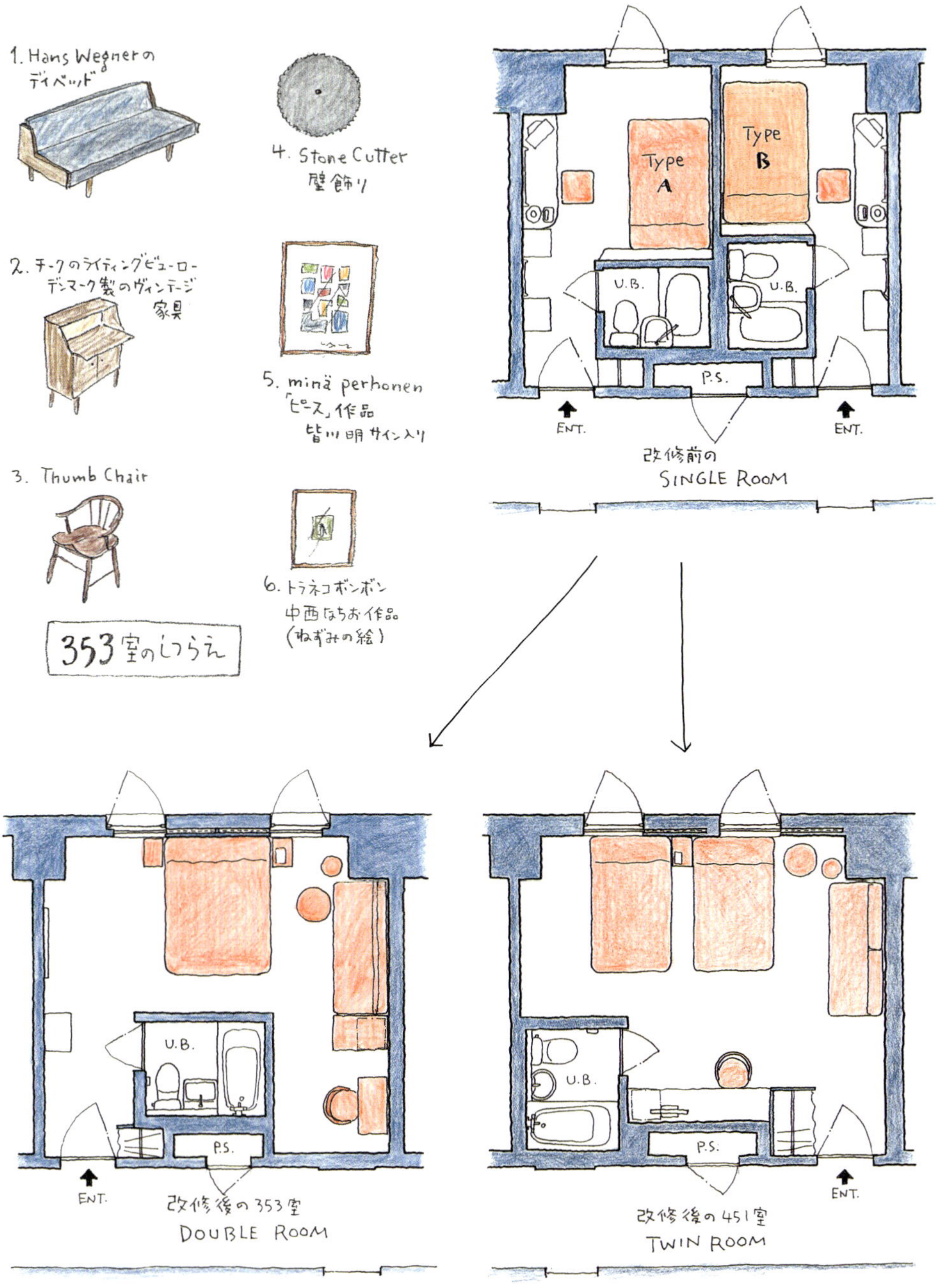

1. Hans Wegnerのデイベッド
4. Stone Cutter 壁飾り
2. チークのライティングビューロー デンマーク製のヴィンテージ家具
5. minä perhonen 「ピース」作品 皆川明 サイン入り
3. Thumb Chair
6. トラネコボンボン 中西なちお作品 (ねずみの絵)
353室のしつらえ
Type A
Type B
U.B.
U.B.
P.S.
ENT.
ENT.
改修前の
SINGLE ROOM
U.B.
P.S.
ENT.
改修後の353室
DOUBLE ROOM
U.B.
P.S.
ENT.
改修後の451室
TWIN ROOM

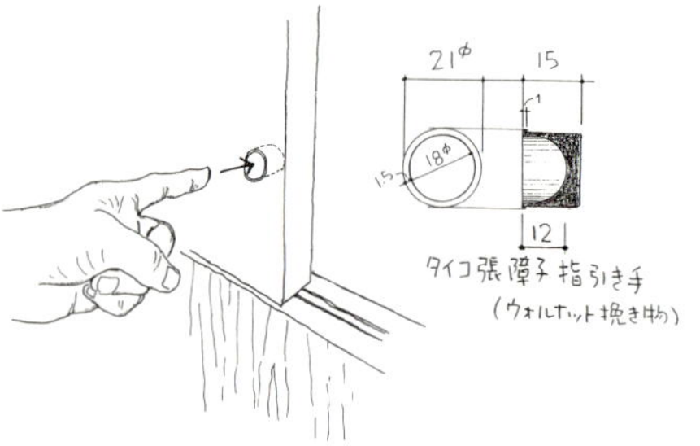

上左／照明デザイナーの岩井達弥さんに、ホテルの浴槽にゆっくり浸かりたいとき、照明が眩しすぎて気持ちが休まらないことを伝え、バスルームも調光によって薄明の状態にできるようにしてもらった。
下／イラストは太鼓張り障子を開け閉めする指引き手。指先の触り心地をデザインしてみた。製作は輪島の挽物職人・高田晴之さん。

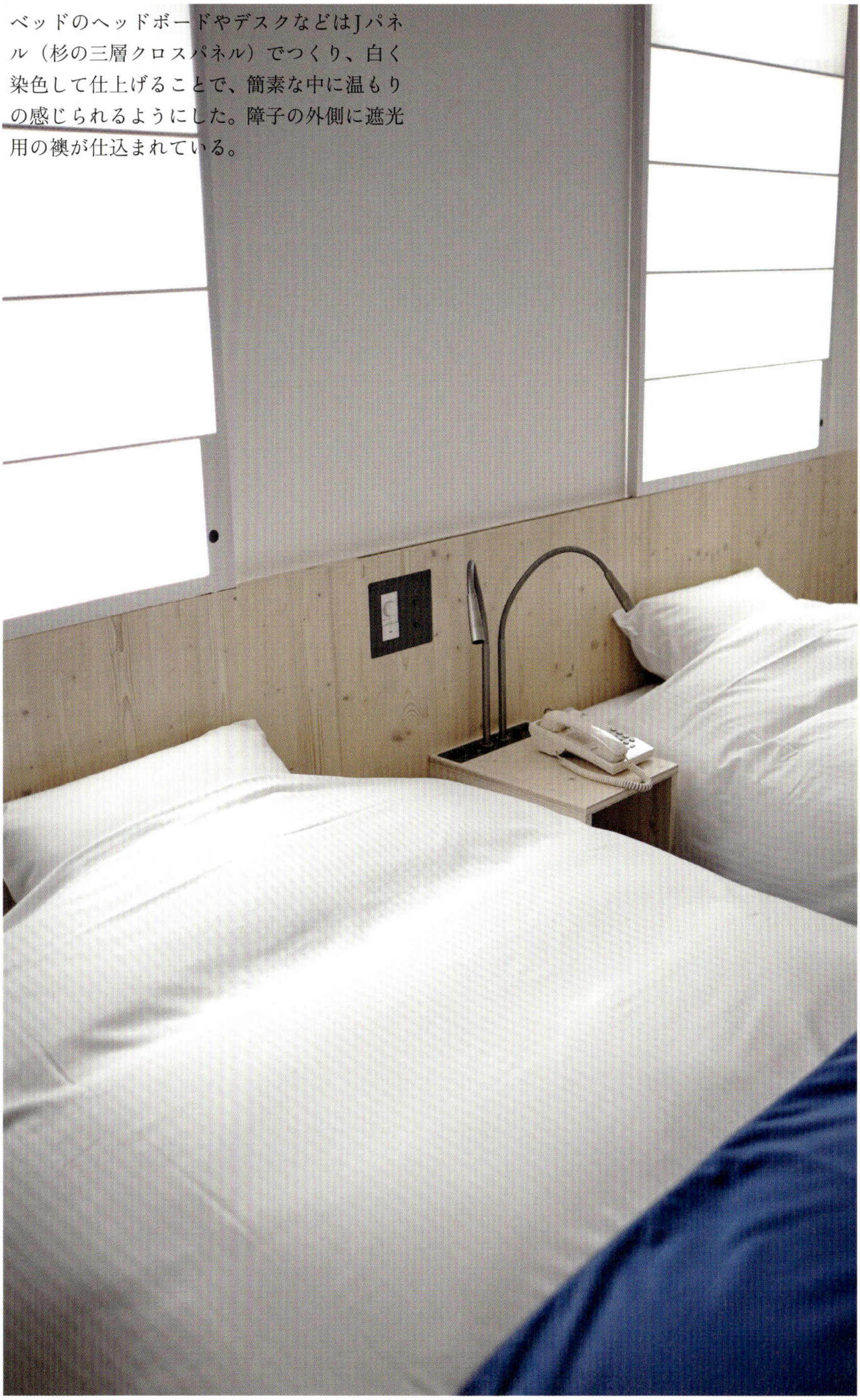

ベッドのヘッドボードやデスクなどはJパネル（杉の三層クロスパネル）でつくり、白く染色して仕上げることで、簡素な中に温もりの感じられるようにした。障子の外側に遮光用の襖が仕込まれている。

［新大阪ステーションホテル］

こぼればなし

　芦屋のご自宅を設計したことがきっかけで親しくなった方から、ご自身の会社で経営しているビジネスホテルのシングルルームの隔壁を取り払って、ダブルまたはツインの部屋に改修したいという話がありました。年々、シングルルームの利用者が減ってきたことと、海外からの宿泊客が増えてきてダブルとツインの部屋の需要が増えたことが改修の理由でした。

　海外旅行の折にホテルの部屋をせっせと実測してきた経験が多少なりとも生かせる機会が巡ってきたのです。

　この改修にあたってぼくが立てた大方針は三つあります。

　ひとつ目はローコストに徹したごく簡素な部屋にすること。北欧を旅していると「清潔」だけでなく「誠実」な感じのするプチホテルに巡り合うことがありますが、そんな雰囲気を出したいと考えたのです。

　ふたつ目は「光」と「灯り」を大切に扱うこと。いうまでもなく「光」は昼間の自然光。「灯り」は夜の照明のことです。ホテルの立地条件からいって、窓を開けても眺望は期待できませんから、昼間は障子を透過した柔らかな拡散光で部屋を満たすようにし、夜はすべての照明を調光のできる間接照明にすることで柔和な「光」と「灯り」の効果を出したいと考えました。ただ、日進月歩で進化し続けるLED照明にぼくの白髪頭がついていかないので、照明計画は照明デザイナーの岩井達弥さんにお願いしました。

　三つ目は部屋に掛ける額をお座なりにせず、中に入れる作品の選定はもちろんのこと、額装に至るまでデザインすること。茶人は茶室に掛ける軸選びに心血を注ぎますが、客室に飾る絵もカシニョールあたりで「よし」とせず、「気持ちを込めて選び」、「入念に額装したもの」にしたかったのです。そして、ぼくが選んだのは望月通陽さんの染め絵と、中西なちおさんのドローイングと、ミナ・ペルホネン（つまり皆川　明デザイン）の端《は》布《ぎれ》です。

　ところで。最初にも書きましたが、ホテルのオーナーは住宅のクライアントでもあり、気心の知れたご家族でしたから、ぼくからひとつお願いしたこと（というより、おねだりしたこと）がありました。それは十八室のうちのひと部屋だけ、ぼくの好みのしつらえにさせて欲しいということ。具体的には置き家具にデンマークのヴィンテージ家具を使い、ぼくのデザインした椅子を入れ、壁には好きな絵を掛けさせてもらうことでした。

　関西出張の折にたびたびこの部屋を利用させてもらっていますが、ドアを開けたとたんにこうしたお気に入りのモノたちが迎えてくれ、まるで自分の部屋に帰ってきたような安堵感に包まれます。

　これを「役得」と言わずになんと言ったらいいでしょう。

能登のゲストハウス

改修後の外観。2階の南京下見板張りの部分が改修したところ。1階部分は奥のひと部屋以外はまったく手をつけなかったが、2期工事で近々（?）改修する予定あり。

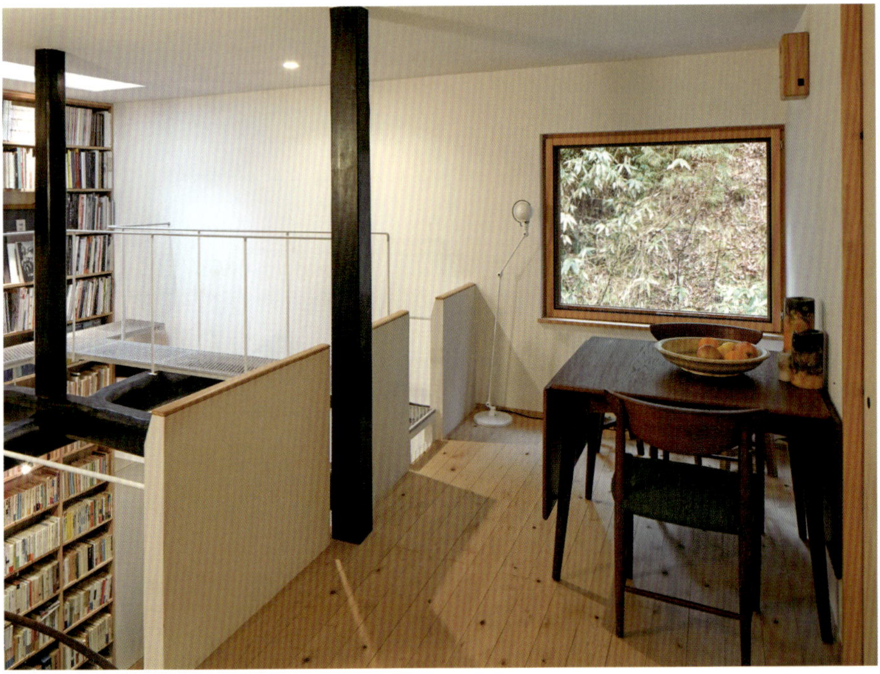

螺旋階段を上がると2階ホール。宿泊客が朝食を食べたりする小食堂としても使われる。左頁／ライブラリーは2階まで吹き抜けていて、壁面は2層分の本棚になっている。黒光りする床は、アテ材（能登ヒバ）の漆塗り仕上げ。

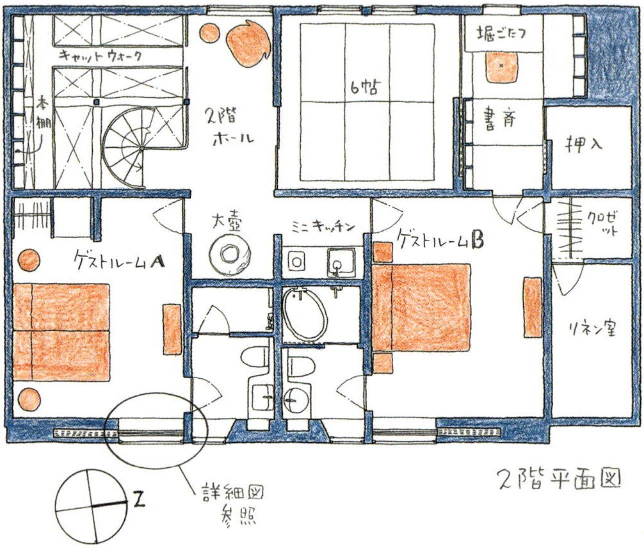
キャットウォーク
本棚
2階ホール
6帖
堀ごたつ
書斎
押入
大壺
ミニキッチン
ゲストルームA
ゲストルームB
クロゼット
リネン室
詳細図参照
Z
2階平面図

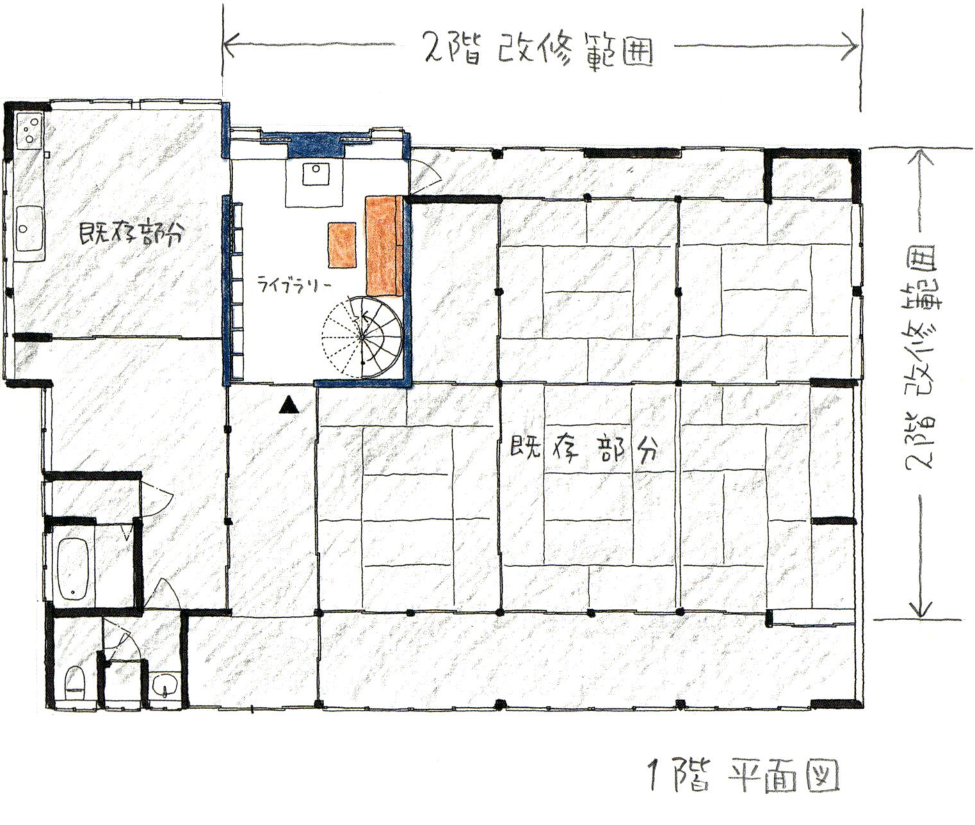
2階 改修範囲
既存部分
ライブラリー
既存部分
2階 改修範囲
1階 平面図

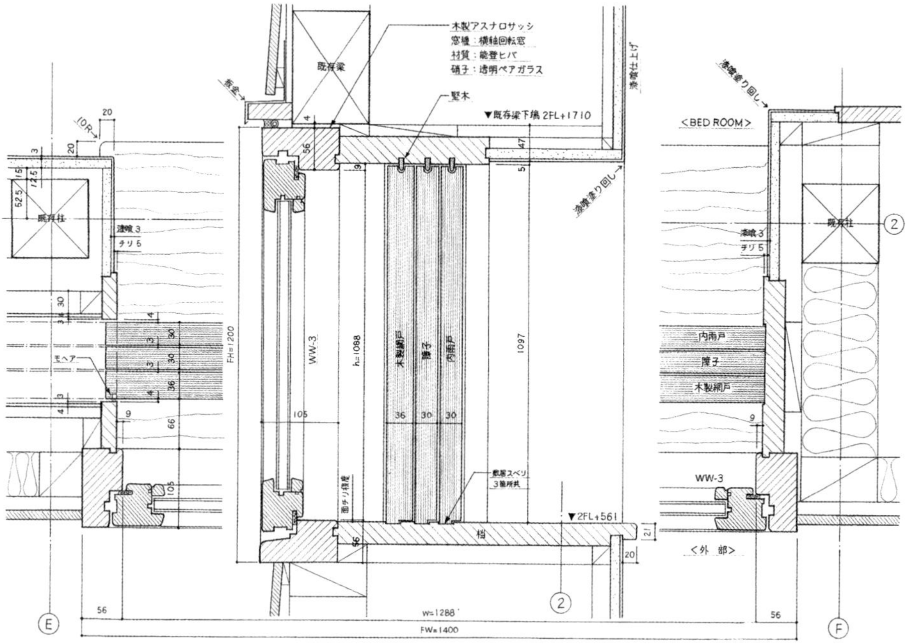

ゲストルームAの窓詳細図。170度回転できるトップターン型木製サッシの内側に、木製網戸、太鼓張り両面障子、遮光用襖が各1本引きで納められている。

上／遮光用襖と太鼓張りの障子。奥にチラリと木製サッシが見える。
下右／螺旋階段を上がり、そのまま直進すれば畳の座敷。
下左／畳の座敷。6帖敷きの畳の周囲を板畳が巡るので実際の広さは8帖になる。床の間はなく、古材を置き床《どこ》としてしつらえている。
右頁／ゲストルームB。窓台の前は暖房用温水ラジエーター。窓の右脇のドアは洗面・トイレ・浴室用。

ゲストルームA。漆喰塗りのヴォールト天井の下を漆で仕上げた梁が横切る。梁の上に設置したLEDが湾曲した天井面を照らす。デンマーク製のサイドボードの上の彫刻は前川秀樹さんの作品。

塗りもののお椀のような浴槽。スタイロフォームを削り出し、麻布を着せて黒漆で仕上げたもの。現代版の乾漆《かんしつ》技法である。保温性が抜群。足の裏の触り心地のいい洗い場の床は我谷盆《わがたぼん》の手法でつくられ、こちらも漆塗りで仕上げられている。

上／ゲストルームBは「隠し扉」で畳の書斎とつながっている。
下／本好きの智子さん（赤木夫人）専用の堀ごたつ式書斎。座ったまま手の届く本棚に藤沢周平全集などが詰まっている。

［能登のゲストハウス］
こぼればなし

「コウブンさんって、建物を設計する人だったの？」

　輪島の塗師、赤木明登さんの末娘のノンちゃんが、さも驚いたという顔つきで、こう赤木さんに質問したそうです。ノンちゃんにしてみれば「コウブンさん」というオジサンは、ふらりとやって来てはお父さんとお酒を呑み、お喋りし、お母さんの手料理を美味しい美味しいと言って食べ、冗談を飛ばし、歌を唄い、そのまま泊まって東京に帰っていく人だったのです。

　思いあたるフシは大いにありますが、同時に忸怩《じくじ》たる思いも拭えない……というのがこの話を聞いたときのぼくの正直な気持ちでした。そんなわけで、冒頭のノンちゃんの言葉が、ぼくが手がけた「能登のゲストハウス」の室内に入ったとたんに口を突いて出た感想であり、その言葉に「そればっかりの人じゃなかったんだね。」という肯定的なニュアンスも含まれていたことに、いくぶん救われたような気持ちになりました。

　赤木家にはぼくのようなオジサン、オバサンがひっきりなしに訪れます。しかも、みんな食いしん坊で、酒呑みばかり。そしてほぼ全員が泊まり客なのですから、その世話をするトコちゃん（赤木夫人の愛称です）の労力と気疲れは計り知れないものがあります。ですから、赤木さんから「民家を改修して来客用のゲストハウスにする仕事をお願いできますか？」と打診されたときは「ああこれで、少しトコちゃんが楽になるかも……。」という思いが脳裡をかすめ「ふたつ返事」で引き受けたのでした。

　古いマンションの改修をはじめ、木造住宅の増改築や古い民家の改修など、これまでに改修の仕事をいくつもしてきました。改修工事は手間ヒマの掛かる仕事ですが、ぼくにはこの面倒な仕事が性に合っているらしく、けっこう好きです。何が面白いって、新築の仕事と違って設計者に当意即妙のデザイン力と判断力が要求されるところが面白いのです。

　「能登のゲストハウス」もそういう意味で現場でのひらめきやアドリブ的な判断が必要な仕事でした。このゲストハウスの主役ともいえる二層分吹き抜けた壁一面の本棚や、ゲストルームの居心地の決め手となった窓台の高さなども現場に立ったときに突然思い付いたことです。ひらめきはぼくだけではありませんでした。工事途中でゲストルームの湾曲した見事な梁と、ライブラリーの朝鮮張りの床を漆で仕上げようと言い出したのは、赤木さん本人ですし、浴槽を乾漆の手法でつくることを思い付き、最終的には卵型のお椀のようなバスタブをつくったのも赤木さんでした。

　この改修工事では赤木さんの柔軟な感性から生まれるアイデアと、それを具現化する職人技を目のあたりにすることができて学ぶところの多い仕事になりました。

休寛荘

広葉樹の林の中に埋もれる「休寛荘」。外壁はRC造のコンクリート壁を断熱材で包《くる》み焼杉板で仕上げた外断熱仕様。予想外に長期に渡った工事がやっと終わりかけたころ、屋根に上がった皆川 明さんがそこからの眺めのよさに感動し「ぜひ、物見台を!」という話になった。仕上がっていた屋根裏部屋の天井を破り、屋根に穴を空け、ハンゴをデザインし、ウッドデッキをつくって、ご覧のように屋根の上に、もうひとつの「とっておきの場所」ができ上がった。

台所から見た1階の食堂。横長のテラス戸が風景を切り取る。食堂の床は同一面で広いテラスにつながっていく。床は栗のフローリング、壁は珪藻土塗り、ヴォールト天井は桐の縁甲板。

4、5人で作業しても狭さを感じさせない広々とした台所。収納がたっぷりあるので、料理好きの皆川さんご自慢の調理道具や食器などがすべて納まっている。プロの料理人たちが料理の腕を振るう食事会もたびたび開かれている。
左頁／既存の暖炉は煙突の施工などに問題があり、危険な状態だったので全面的にやり替えた。大谷石で炉床を上げたり、煙突を断熱煙突に取り替えたりしたので、よく燃えて安全な暖炉に生まれ変わった。

1階平面図

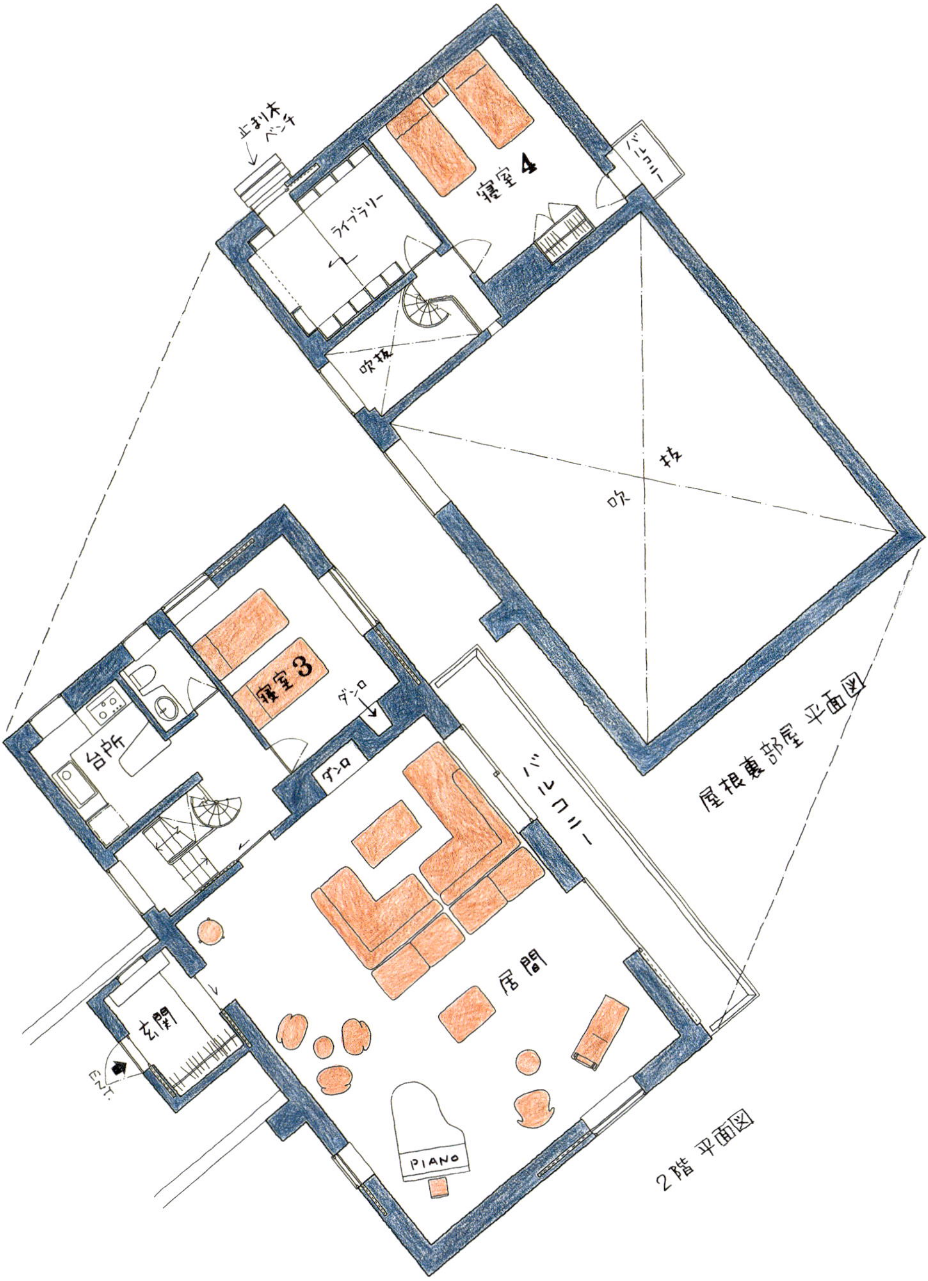

止まり木ベンチ
ライブラリー
寝室4
バルコニー
吹抜
吹 抜
屋根裏部屋 平面図
寝室3
ダンロ
ダンロ
台所
バルコニー
居間
玄関
ENT.
PIANO
2階 平面図

著名な女流園芸家だった元のオーナーはピアノの名手だった。彼女の愛用していたスタインウェイのピアノが小さく見えるほど広々とした居間。ここで50人のゲストが招かれて友人の結婚パーティが開かれたことがあった。家具のセレクションとカラーコーディネートはそっくり皆川さんにおまかせした。

片流れの天井の一番高いところは4メートル50センチほどある。正面に大きな暖炉。左の開口部から、階段室の螺旋階段がチラリと見える。
右頁／開口部の位置と大きさは、一部を除き原則として既存のままとしたが、すべての開口部はペアガラス入りの木製サッシに取り替えた。

ガストン・バシュラールは、「屋根裏部屋は夢想を育み、夢見る人をかくまう」と書いたが、童話的な屋根裏部屋に昇るためにはファンタジーの感じられる特別な階段でなければならない。螺旋階段の木製の手摺りが「ジャックと豆の木」の蔓のように、上へ上へと人の心を誘う。

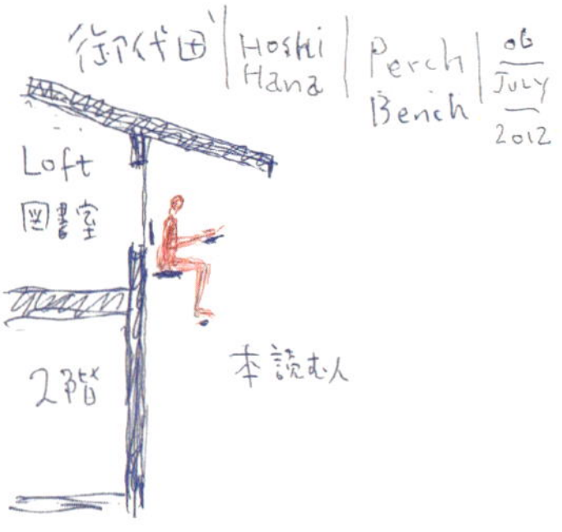

屋根裏のライブラリー。皆川さんがデザインし特別に織ってもらったラグを敷き詰めた床は2段になっている。上の段の床は突き当たりで寄りかかって本を読むための斜め壁になったあと、さらに巻き上がって頭上を包む。小さな開口部から躙《にじ》り出たところに、読書用の「止まり木ベンチ」がしつらえてある。ぼくは木登りが大好きで、子供のころ木の上で読書した爽快な思い出が、アイデアの出どころである。

Anu Raud

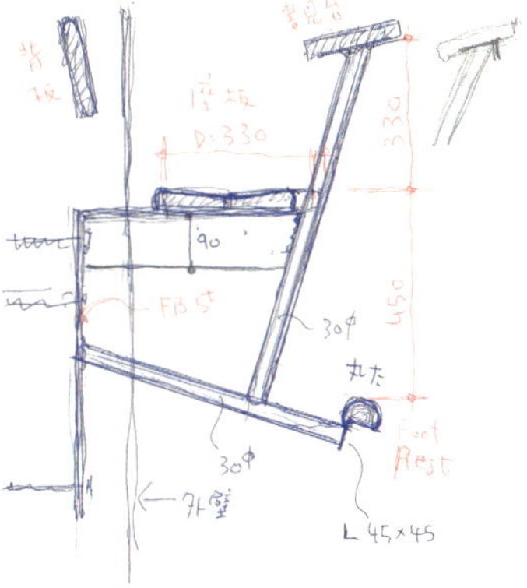
背板
書見台
座板
D=330
330
90
450
30φ
30φ
丸太
Foot Rest
外壁
L 45×45

吉村順三先生の設計したこの山荘にぼくは20代の終わりごろから、たびたび出入りしていて建物の隅々までよく知っていました。もともとは著名な園芸家だった女性（本文に出てくるMさんの母上です）の住まいだったのですが、吉村先生の下で家具デザインの助手をしていたころ、吉村先生のお供でこの山荘にやってきて園芸家の女主人《マダム》から手料理のランチをご馳走になったこともありました。そんなわけで、ぼくとしてはこの山荘に、思い出も思い入れもありましたが、改修にあたっては懐古的な気分に流されないことと、師匠の吉村先生の建物だからといって萎縮したりせず、自由な気持ち、自由な発想で取り組もうと考えました。ただ、畳の部屋には吉村好みのデザインが色濃く残っていましたから、その雰囲気を可能な限り残して、吉村先生と吉村建築へのオマージュにしようと思いました。

[休寛荘]

こぼればなし

皆川 明さんにはじめて会ったのは、二〇一一年の一月。場所は奈良県立図書情報館の控え室でした。

われわれは西村佳哲《よしあき》さんがファシリテーターを務める「自分の仕事を考える3日間」というイヴェントの八人のゲストのうちのふたりで、ぼくは二日目の最終回のゲストスピーカー、皆川さんは翌三日目の初回のゲストスピーカーでした。

この夜は一緒に食事しましたが、お酒を呑みながらということもあり、年齢差を忘れてたちまち意気投合しました。

奈良で出会ってから半年ほど経ったころ、皆川さんから「小さな別荘を設計してもらえませんか。」という話がありました。さっそくふたりして皆川さんが見当を付けていた八ヶ岳方面に土地探しに出掛けました。そして、地元の不動産屋さんの案内で四、五か所ほど見てまわりましたが、残念ながらどこを見ても魅力のない土地ばかり。それでいて土地代はべらぼうに高いのでふたりとも鼻白んで口数も少なくなりました。そのとき、ふと、浅間山の麓《ふもと》にあるぼくの小屋（Lemm Hut）の向かい側の土地の持ち主のMさんが、三,〇〇〇坪ほどある土地と吉村順三先生の設計した山荘を手放してもいいと話していたことを思い出し、急遽、そちらにまわってみることにしました。

なにごとも「タイミング」と「運」ですね。アメリカ在住でごくたまにしか帰国しないそのMさんが、偶然にも一時帰国中で自ら土地と山荘を案内してくれました。もう陽は西に傾きかけていましたが、皆川さんはこの場所と建物が気に入った様子で、初対面のオーナーに向かって「ここにします。ぼくに譲ってください。」と言いました。即断即決、でした。

ところで、吉村順三先生の設計とはいえ、約五〇年前に建てられた建物ですから、現実的には設備の配管をはじめ、雨漏りその他の不具合が山積みでした。その不具合を徹底的に修理した上で、空間の骨格と吉村建築に宿っているロマンティックな気配を尊重しつつ全面的な改修を施すのがぼくの役割でした。

建物内部の解体が半分ぐらい終わったとき、皆川さんと屋根裏に上がりました。屋根裏階には物置があったのですが、その物置をのぞき込んだとき、皆川さんが「このスペース、いいですねぇ。」と目を輝かせて言い、即座にぼくが「図書室にしましょう！」と返し、そこからふたりの協働作業がはじまりました。窓を新設すること、天井が低いので床に直接座るようにすること、その床を奥で一段上げること、床用に皆川さんがラグをデザインして特注で織ってもらうこと、窓の外にはベランダではなく「止まり木」のような読書ベンチをつくること……次々にアイデアが浮かび、そのすべてを実現させました。改修にまつわるエピソードは山ほどありますが、ぼく自身にとって「屋根裏の図書室」が今回の改修工事のハイライトでした。

展覧会

「コンペってものは、勝ち負けに関係なく、事務所のスタッフ全員がそれぞれの役割を引き受けて一丸となってゴールに向かって突っ走る、その熱気と連帯感に本当の意味があるんだよ」と話してくれたのは、建築家の宮脇 壇《まゆみ》さんです。アトリエ設計事務所が設計コンペに応募することの意義と効用を言いあてた、宮脇さんならではの卓見だと思います。

そう言われてみると、ぼくの事務所にも思いあたるふしがありました。といってもコンペではなく展覧会のことです。

ぼくの事務所は独立以来さまざまな趣向の展覧会を全国各地で開いてきました。そして、その度に事務所は一種の戦闘状態になり、スタッフ総出で（ときには独立した旧スタッフも巻き込んで）一丸となって取り組む事務所上げての一大イヴェントとなるのでした。住宅設計という日常的に多忙な仕事に追われつつ開く展覧会ですから、あらためて振り返ると、まさに「連帯感」と「火事場の馬鹿力」なしにはできなかったことでした。この章では、なかでも代表的な九つの展覧会をご紹介します。

テーブル展

1989.11.16→11.18
AXIS gallery ANNEX 1・2

独立する前の四年間、吉村順三の家具デザインのアシスタントとして、来る日も来る日も「折りたたみ家具」のデザインに明け暮れていました。

そしてあるとき「家具デザインをひとまず脇に置いておいて、もうひとつのライフワークと定めた住宅設計の仕事に本腰を入れよう!」と一念発起して三二歳で設計事務所を開きました。ところが、独立後に取り組んだ第一作目で、ぼくにとって住宅設計と家具デザインは表裏一体の仕事で「切り離すことができなかった」ことに気づきました。

たとえば、市販のテーブルには、材質も、サイズも、仕上げも、デザインも、自分の眼鏡に適うものがないことがわかり、住宅を設計するたびにその住宅にふさわしいテーブルをデザインすることになったのです。そうこうするうちに「定番」と呼んでもよさそうなテーブルが何タイプもできあがりました。

「テーブル展」は、その「定番テーブル」をズラリと並べてお披露目する展覧会でした。

この展覧会で発表した「FRATINO」と名付けた大テーブルは「定番中の定番」となり、これまでに手がけた一四六軒の住宅の食堂におさまりました。

住宅家具展

1992.9.21→9.29
GALLERY SANYO

「住宅設計と家具デザインを生涯の仕事《ライフワーク》にしたい」と、ぼんやり考えはじめたのは学生時代からでした。そして、幸運なことに、ふと気がつくとそのふたつを生業《なりわい》とするようになっていました。

「ふたつ」と書きましたが、ぼくの中ではこの「ふたつ」は分かちがたく結び付いていて別々に考えることはできません。

住宅を設計するときに、そこにしつらえる家具のことが頭から離れたことはありませんし、家具の試行錯誤の行き着く先には必ず住宅が待ち受けていました。

「住宅家具展」は、独立して以来、必要に応じてデザインしてきたダイニングの家具、リビングの家具、書斎の家具、寝室の家具などを展示することで、展覧会場に住宅の気配を現出させようという目論みでした。

フィリップ・ジョンソンは代表作の「ガラスの家」で、ガラスの箱の中に選び抜いた家具を慎重に配することで住宅を成立させて見せてくれましたが、そのジョンソンへのひそかなオマージュを込めた展覧会でした。

この目論みの延長線上に「中村好文すまいの風景」展（二〇〇八年）＊があります。

＊『中村好文 普通の住宅、普通の別荘』p.269～参照

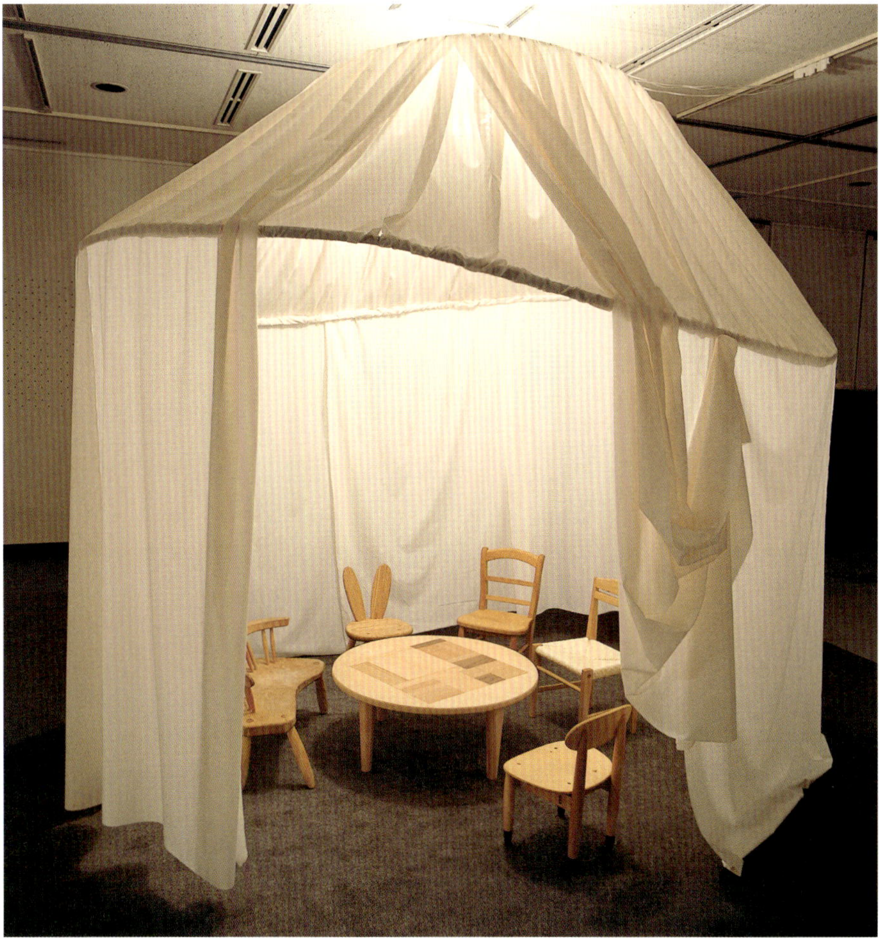

暖炉展

1996.12.12→12.17
リビングデザインセンター OZONE

田舎に生まれ育ったので、子供のころから「火」と身近に暮らしてきました。

生家の目の前の松林を抜けると「九十九里浜」という、とてつもなく広い「遊び場」でしたから、多くの時間をこの浜辺で遊んで過ごしましたが、遊びに飽きると、流れ着いた流木を拾い集めたり、砂浜に半ば埋もれている廃船の舟板を薪にしてよく焚き火をしていました。そして、夕方、家に帰れば薪割りと風呂焚きは子供の仕事でした。

そんなわけで、いつのまにか火を焚くコツと炎を眺める愉しみは、身体と心に染み付いていたようです。室内で「焚き火」のできる暖炉やストーヴを数多く好んでデザインすることになったのも、今にして思えば自然の成り行きだったのかもしれません。

ところでぼくは、暖炉をデザインする醍醐味は、ひとりよがりのデザインでは成立しないことだと思っています。燃焼の法則に逆らわず、炎に寄り添う謙虚な気持ちが、よく燃えて暖かい暖炉をつくるコツなのです。

この「暖炉展」では自作の暖炉やストーヴと一緒に旅先で出合い心奪われた南スイスの民家の入込み暖炉《イングルヌック》を段ボールを使って忠実に再現し、居心地を体感してもらいました。

素と形展

2004.4.21→5.30
松本市美術館

「素《そ》と形《かたち》」というちょっと変わったタイトルの展覧会は松本在住の木工作家、三谷龍二さんとの雑談から生まれました。

　展示品の選定と展示を担当したのは「古道具坂田」の坂田和實さんとグラフィックデザイナーの山口信博さんとぼくの三人。会場構成と展示台のデザインはぼくと元スタッフの佐藤重徳くんです。

　この展覧会の趣旨は「その素材《マテリアル》でなければできない形《フォルム》」で「用と機能に徹した合理的、かつ、美しい形」を、素材を問わず、用途を問わず、貴賤を問わず、サイズを問わず、洋の東西を問わず、新旧を問わずかき集めて一同に並べてみよう……というもの。

　会場には「小」は芥子粒《けしつぶ》ほどの極小ネジから「大」は味噌を作る巨大な羽釜まで、型抜きで製作するモノなら手芸用のチャコからテトラポットまで、種々雑多な「美しいモノ」が広い会場内に並び「目から鱗を払い落とす」刺激的な展覧会になりました。

　この展覧会で、ぼくがとりわけ意欲的に取り組んだのは展示台のデザインです。「その素材でなければできない形」で「用と機能に徹した合理的、かつ、美しい形」を目指して何種類もの展示台をデザインしました。

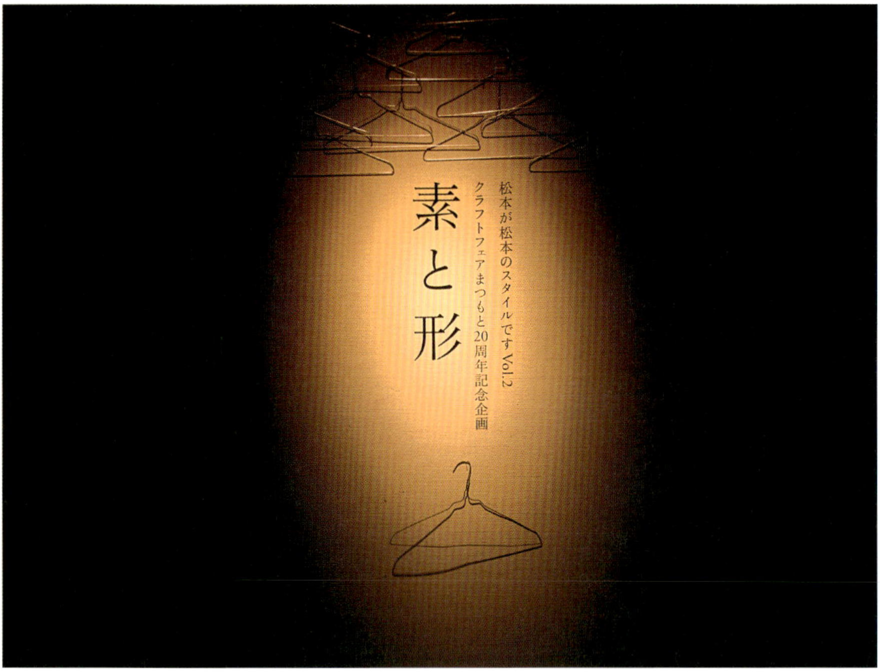

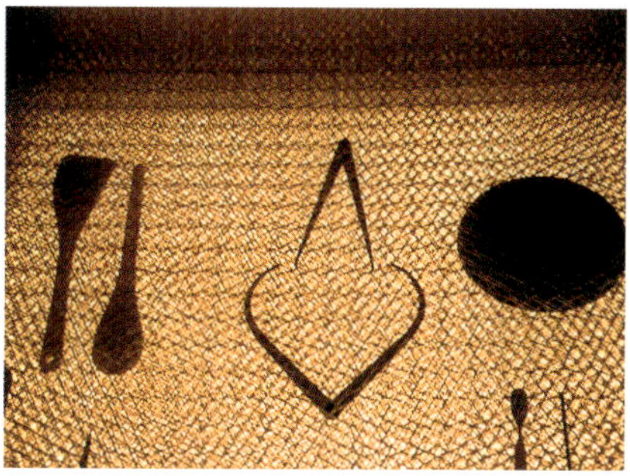

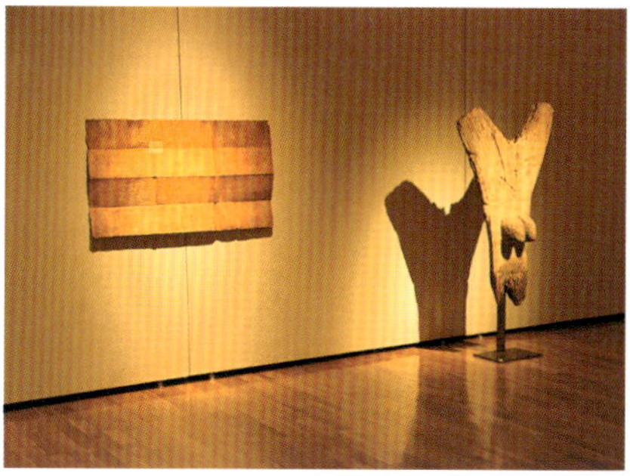

建築家の流儀
中村好文 仕事の周辺

2004.6.19→8.10
パナソニック汐留ミュージアム

汐留に松下電工NAIS MUSEUMの開館する一年ほど前、この美術館の関係者から「住宅をテーマにした展覧会を開きませんか?」という思いがけないお誘いがありました。

建築家の展覧会ですから、普通に考えれば自作の建築作品の写真や模型を会場にズラリと並べ、得意満面で「さあ、ご覧ください!」とやるところですが、生来の天邪鬼ですから、そういうありきたりの展覧会にはしたくないと思いました。かわりに住宅や家具デザインの方法や、それらを生み出す背景《バックボーン》、すなわち建築家の楽屋裏を見てもらう趣向の展覧会にしました。

会場に展示したのは、自宅や仕事場で愛用している家具、照明器具、食器、雑貨、小物はじめ、実施設計図面、家具デザインの図面、スタディ模型、製図道具、玩具、愛読書、旅先の写真やスケッチ。変わったところでは、地鎮祭や上棟式で着用する「好文組」の印半《しるしばん》纏《てん》などなど……。

展示用什器のデザイン、会場設営、オリジナルのミュージアムグッズの考案、ガイドブックの製作……。スタッフ総出の大仕事でしたが、おかげで展覧会の楽しさと達成感を存分に味わうことができました。

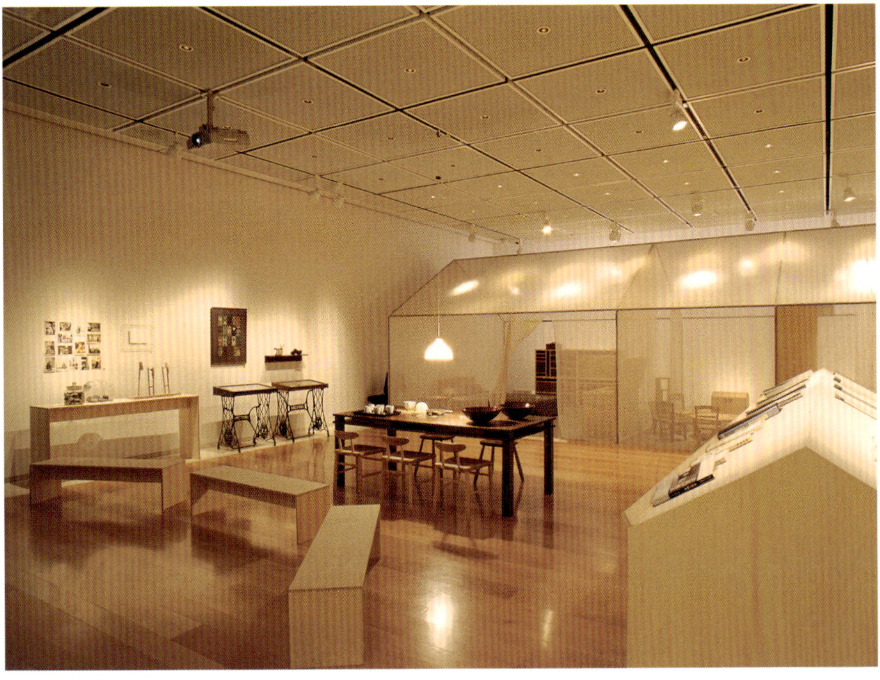

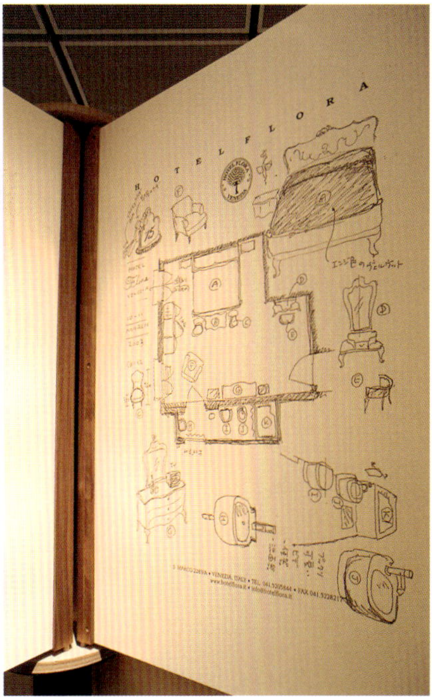
H O T E L F L O R A

建築家の流儀

中村好文 仕事の周辺 札幌展

2005.10.1→10.30
北翔大学北方圏学術情報センター「ポルト」

世の中には奇特な方がいるものです。NAIS MUSEUMの「建築家の流儀展」を見に来てくれた札幌のHさんが「この展覧会を、ぜひ札幌に巡回して、北海道の人たちにも見てもらいたい」と申し出てくれ、札幌展が開かれることになりました。

展覧会を開くには「う？」と絶句するほど費用がかかりますし、「え？」とたじろぐほど人手が必要ですが、展覧会の開催資金は道内の友人知人たちと理解ある企業からの寄付金でまかない、人手のほうは顔の広いHさんの人脈で、まず札幌在住の建築家、ランドスケープデザイナー、画家たちなどからなる実行委員会を立ち上げ、次にボランティアの人たちを募って実現にこぎ着けてくれました。

巡回展ですから展示物は基本的には変わらないのですが、会場が二層分吹き抜けたガラス張りの建物だったことと、その大きなガラス面が広い道路に面していたため、まったく別の展覧会と見まごうばかりの展示効果が生まれました。

余談ですが、「ヒナカナハウス」*は、この展覧会を週末ごとに見に来てくれて親しくなったHさん一家の住宅です。

*『中村好文 普通の住宅、普通の別荘』p.103〜参照

中村好文展 小屋においでよ!

2013.4.17→6.22
TOTOギャラリー・間

「TOTOギャラリー・間」で年に何度か開かれる展覧会には、いつも大きな刺激を受け、鼓舞されてきました。
そんなわけで「TOTOギャラリー・間」から展覧会のお誘いがあったときは、ガラにもなくワクワク、ソワソワしました。なんといっても「TOTOギャラリー・間」といえば、建築家の檜舞台ですから……。
ただ、この檜舞台で開かれる展覧会はときとして、ぼくのような気取ったり、気負ったり、気張ったりすることが苦手で、建築を高踏的に語りたくない建築家には敷居が高く感じられることがありました。
展覧会のテーマに、子供のころから関心を抱き続けてきた「小屋」を選んだのも、その「小屋」を理屈抜きに、モノそのものとして即物的に体験してもらうことにしたのも、檜舞台の「敷居を下げたい」、できれば「敷居を取り払いたい」と考えたからです。
会場ではぼくが「意中の小屋」と呼ぶ七軒の小屋を紹介し、中庭には「二一世紀の方丈」ともいうべき小屋の現物を展示しました。
狙いは的中したのでしょう、会場に詰めかけてくれた大勢の老若男女の、肩の力の抜けた朗らかな笑顔が印象的でした。

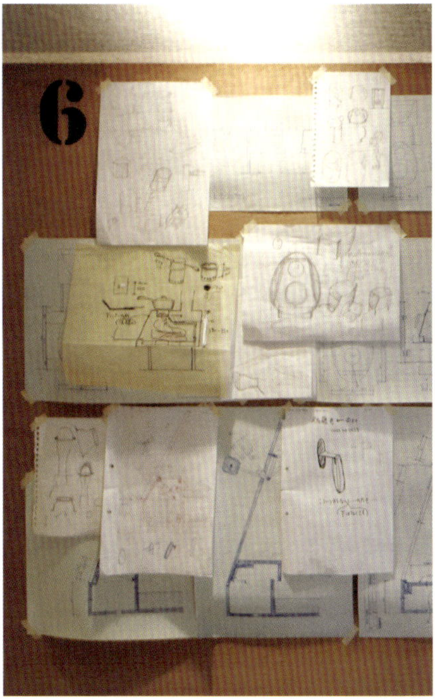
6

中村好文 小屋においでよ！

2014.4.26→8.31
金沢21世紀美術館

「TOTOギャラリー・間」の「小屋においでよ！」展は、連日多くの来場者を迎え、大盛況のうちに幕を閉じました。そして、その余韻の醒めやらぬ翌二〇一四年、展覧会は金沢21世紀美術館に巡回されました。

会場はSANAAの設計による巨大なシャーレのような美術館内部にある六メートルの天井高から自然光の降り注ぐ展示室と、四方をガラス壁に囲まれた光庭。このふたつの魅力的な「場所」の展示効果も手伝ってなかなか見応えのある愉しい展覧会になりました。

光庭に展示した「Hanem Hut」と名付けた小屋は、鴨長明の方丈や、「森の生活」のソローの小屋の精神を受け継ぎ、その二一世紀版を目指すエネルギー自給自足型の小屋ですが、見学者の中に「展覧会終了後、この小屋はどうなるの？」と小屋の「行く末」を気遣ってくれる人が何人もいました。当初、ぼくは眼下に太平洋の拡がる伊豆半島の高台に移築し、自家用の小屋として使い続けるつもりでしたが、ひょんなことで八ケ岳の麓で自然と共生する仕事と暮らしを実践する若者に出会い、この若者に贈ることにしました。小屋に込めた夢と志を小屋ごとそっくり若い世代に託したのです。

中村好文×横山浩司・奥田忠彦・金澤知之

建築家×家具職人 コラボレーション展 at the A⁴

2016.12.14→2017.2.25

GALLERY A⁴

この展覧会は、二〇一五年の秋、神戸の竹中大工道具館で開催された展覧会の巡回展です。もともとこの展覧会は、長年「単体の家具」を製作してくれているぼくの「相棒」であり「右腕」でもある横山浩司さん、奥田忠彦さん、金澤知之さんの仕事ぶりと、その協働《コラボレーション》製作から生まれた家具の現物を映像や愛用の道具の展示などを交えて紹介する展覧会でした。

その展覧会が巡回されることになったわけですが、巡回展といっても会場の条件は当然異なりますから、まったく同じ展示はあり得ません。ここでは楕円形の部屋の中に、居間、食堂、台所、寝室などをつくり込んで極小の住宅を現出させました。楕円形の周囲にグルリと家具図面やスケッチを展示し、要所要所に開けた大小さまざまな形の窓から部屋の中をのぞき込む趣向にしました。この展示で大工道具館の展示では実現できなかった「住宅的な雰囲気」を醸し出せたように思います。

独立以来三〇有余年、飽かずに住宅用の家具をデザインしてきましたが、このたびのふたつの展覧会は、職人仲間と協働《コラボレーション》作業の産物の家具をあらためて客観的な目で見直す、またとない機会になりました。

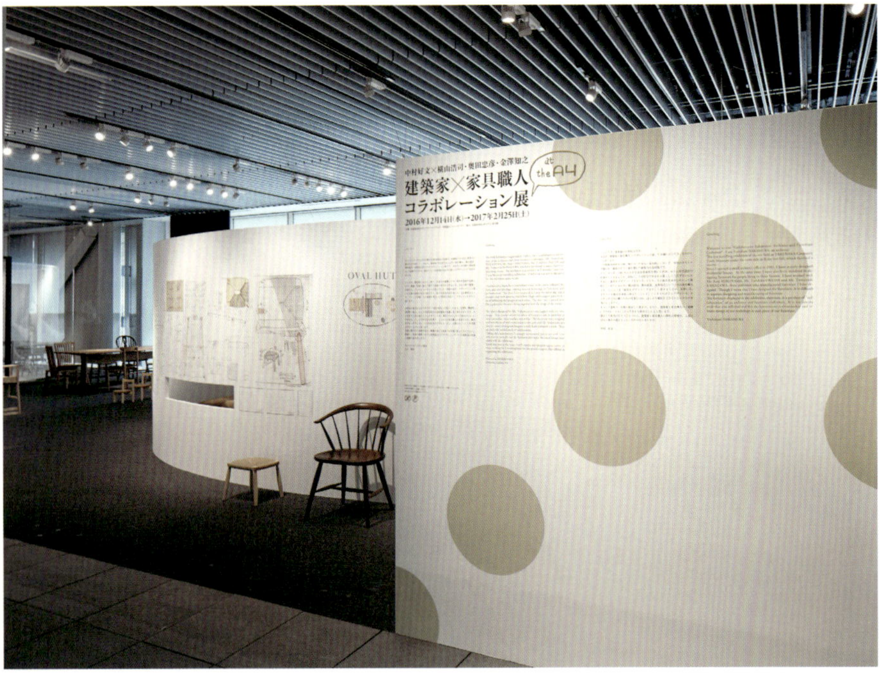

あとがき

世話になった人、恩義を感じる人に「足を向けて寝られない」という表現がありますが、TOTO出版の三冊目のこの本でも、ぼくが足を向けて寝られない人がたくさんいます。まずは取材と撮影に協力してくれたクライアントの皆さん。日本各地を飛び回ってすべての写真を撮り下ろしてくれた雨宮秀也さん。本のデザインをしてくれた山口信博さんと宮巻 麗さん。編集をしてくれたTOTO出版の清水栄江さんと上山亜紀さん。そして、巻頭を飾る素敵な解説を寄稿してくれた松家仁之さん。その他、お世話になった皆さんに心からお礼申し上げます。

さて、ここから思い出話を少々。

小学六年生の夏休みを目前にしたある日、担任の先生が我が家にやって来ました。突然のことですし、家庭訪問の時期ではなかったので、母親はぼくがまた「何かしでかしたのか」と思ってうろたえましたが、幸いこのときはその方面の話ではなく、用件は夏休みに千葉県銚子市で開かれるJRC（青少年赤十字）のサマーキャンプにぼくを参加させたいと考えているが「どうでしょう?」という打診でした。

そのとき、ぼくはすぐその気になりましたが、母親としては、この子が学校の代表として参加した先で、また何かしでかすのではないかという不安もあったのでしょう、即答はせず、ふた呼吸ほどおいてから「この子でよかったら……。」ということで、承諾してくれました。

合宿は二泊三日だったと記憶しています。千葉県各地の小学校から集まった三〇人ぐらいの小学生は、簡単な自己紹介を皮切りに、腕や頭に包帯を巻き合ったり、人工呼吸の実習をしたり、飯盒炊さんをしたり、世界の平和について話し合ったり……というカリキュラムを丸二日間かけて次々にこなしていきました。

このときのサマーキャンプでぼくが一番愉しんだのはキャンプファイヤーでした。うずたかく積まれた薪を丸く囲んで座り、最初に唄ったのは、もちろん「遠き山に日は落ちて」です。

「♪遠き山に日は落ちて、星は空をちりばめぬ、きょうのわざをなし終えて……」

その場の情景がそっくりそのまま歌詞になっているようで、唄いながら、ああ、なんて一日の終わりとキャンプファイヤーにふさわしい歌だろうと思いながら、しみじみ唄いました。ただ、唄いながら意味のわからないところもありました。たとえば一番の最後のフレーズ「♪いざや楽しき まどいせん」の「まどいせん」がわかりませんでした。そして、それから何年も経ってから、この「まどいせん」が漢字で書くと「円居せん」で「車座になって団欒しよう」という意味だと知りました。

ところで。この本の「まえがき」に、住宅建築家と呼ばれるぼくが、これまでに案外たくさん住宅以外の仕事をしてきたと書きました。そして、あらためてそうした仕事を思い返すと、それが不特定多数の人が「集《つど》う」場所をつくることだったことに思いあたります。またそれだけでなく、集った人たち同士が居心地よく、愉しく「円《まど》い」する時間と空間をしつらえておくことにほかなりませんでした。『集《つど》いの建築、円《まど》いの空間』というこの本のネーミングからそのあたりの機微を感じていただければうれしいかぎりです。本のページをめくるごとに読者の胸に和やかな談笑の気配が伝わり、和気藹々《わきあいあい》の読後感が生まれることを願ってやみません。

二〇一七年三月　中村好文

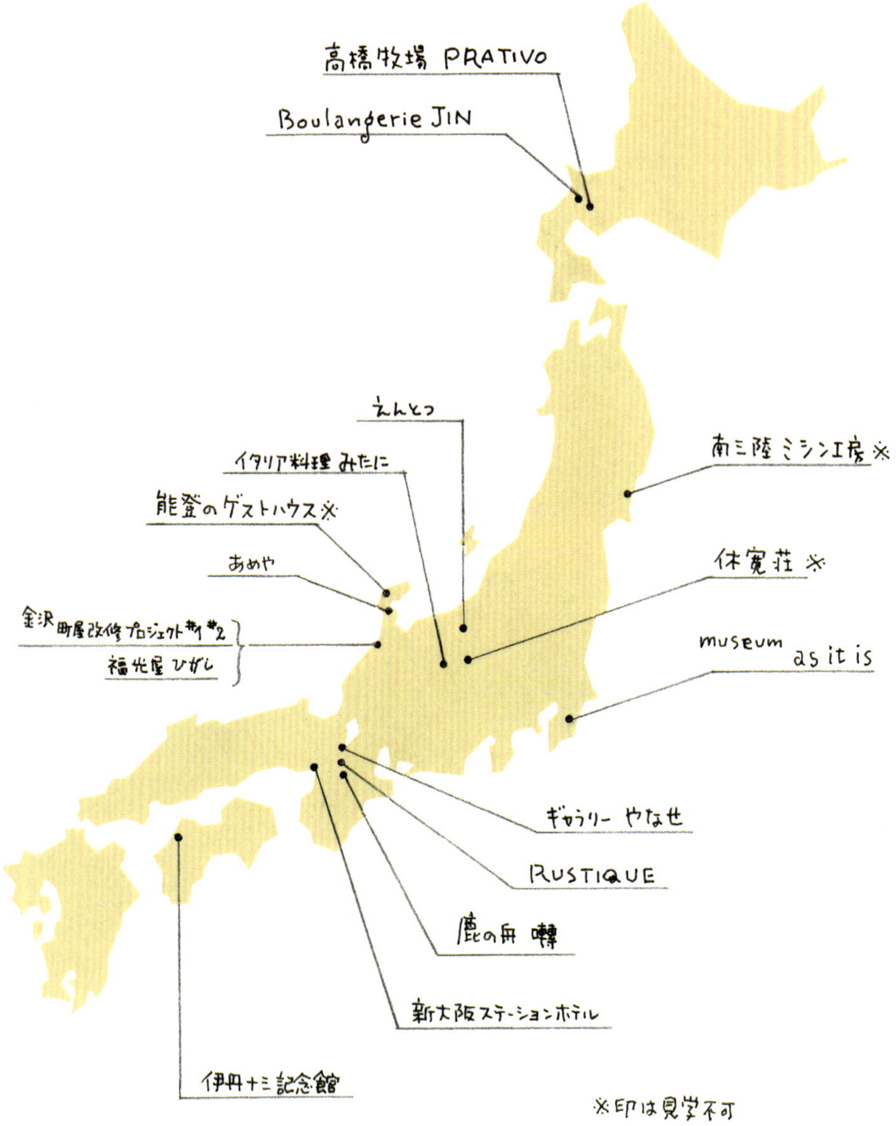
高橋牧場 PRATIVO
Boulangerie JIN
えんとつ
イタリア料理 みたに
南三陸ミシン工房 ※
能登のゲストハウス※
あめや
休寛荘 ※
金沢町屋改修プロジェクト#1 #2
福光屋 ひがし
museum as it is
ギャラリー やなせ
RUSTIQUE
鹿の舟 囀
新大阪ステーションホテル
伊丹十三記念館
※印は見学不可

鹿の舟　囀《さえずり》

・用途／カフェ
・所在地／奈良県奈良市井上町11
・施工／羽根建築工房
・構造／木造在来工法
・規模／地上1階
・敷地面積／849m²
・建築面積／147m²
・延床面積／144m²
・完成年／2015年12月
・担当／頼田圭司
・ロゴマークデザイン／望月通陽
・グラフィックデザイン／山口信博

伊丹十三記念館

・用途／個人記念館（展示場＋店舗＋倉庫）
・所在地／愛媛県松山市東石井1-6-10
・施工／エム・ワイ・ティ
・構造／鉄筋コンクリート造
・規模／地上2階
・敷地面積／2,442m²
・建築面積／746m²
・延床面積／881m²
・完成年／2007年5月
・担当／長谷川 泉、他
・外構・植栽デザイン／中谷耿一郎
・グラフィックデザイン／山口信博

えんとつ（改修）

・用途／カフェ
・所在地／長野県上高井郡小布施町808
・施工／修景事業
・構造／木造＋蔵
・規模／地上1階
・建築面積／97m²
・延床面積／117m²
・完成年／2012年9月
・担当／若林美弥子
・外構・植栽デザイン／斉藤浩二
・グラフィックデザイン／梅原 真

museum as it is

・用途／ギャラリー
・所在地／千葉県長生郡長南町岩撫字野41
・施工／ナイキシバタ
・構造／木造
・規模／地上2階
・敷地面積／747m²
・建築面積／98m²
・延床面積／138m²
・完成年／1994年11月
・担当／仲山哲男
・ロゴマークデザイン／望月通陽

あめや

・用途／飲食店
・所在地／石川県七尾市桧物町27-9
・施工／表組
・構造／鉄骨造
・規模／地上1階
・敷地面積／ $167m^2$
・建築面積／ $128m^2$
・延床面積／ $128m^2$
・完成年／ 2009年9月
・担当／入夏広親
・グラフィックデザイン／林 里佳子
・作庭／重森千青

高橋牧場 PRATIVO

・用途／農家レストラン
・所在地／北海道虻田郡ニセコ町曽我888-1
・施工／横関建設工業
・構造／鉄骨造
・規模／地上2階
・敷地面積／ $3,000m^2$
・建築面積／ $293m^2$
・延床面積／ $325m^2$
・完成年／ 2011年3月
・担当／新貝孝之
・外構・植栽デザイン／斉藤浩二
・ロゴマークデザイン／望月通陽
・グラフィックデザイン／林 里佳子

RUSTIQUE

・用途／レストラン併用住宅
・所在地／京都府京田辺市興戸宮ノ前80番地
・施工／ツキデ工務店
・構造／1階：コンクリート壁構造、
2階：木造在来工法
・規模／地上2階
・敷地面積／ $232m^2$
・建築面積／ $65m^2$
・延床面積／ $123m^2$
・完成年／ 2011年3月
・担当／吉田隆人
・ロゴマークデザイン／望月通陽
・グラフィックデザイン／林 里佳子
・植栽／山下雅弘

イタリア料理 みたに

・用途／飲食店
・所在地／長野県松本市白板1-2-11
・施工／大竹建築
・構造／木造
・規模／地上2階
・敷地面積／ $950m^2$
・建築面積／ $89m^2$
・延床面積／ $102m^2$
・完成年／ 1997年3月
・担当／丹羽貴容子

金沢町家改修プロジェクト#1、#2
（#1：生活工芸プロジェクトshop labモノトヒト、
#2：factory zoomer / gallery）

- 用途／店舗＋ギャラリー
- 所在地／石川県金沢市広坂1-2-20
- 施工／ナカダ
- 構造／木造在来工法
- 規模／地上2階（改修部：1階）
- 改修部床面積／44m²
- 完成年／モノトヒト：2012年10月、
  factory zoomer / gallery：2016年4月
- 担当／吉田隆人

福光屋　ひがし（改修）

- 用途／バー
- 所在地／石川県金沢市東山1丁目14番9号
- 施工／丹保建設
- 構造／木造
- 規模／地上2階（改修部：1階）
- 敷地面積／78m²
- 建築面積／75m²
- 延床面積／143m²（改修部：70m²）
- 完成年／2015年5月
- 担当／小林吉則

Boulangerie JIN

- 用途／パン工場＋店舗
- 所在地／北海道虻田郡真狩村桜川45-8
- 施工／横関建設工業
- 構造／木造
- 規模／地上2階
- 敷地面積／4,305m²
- 建築面積／89m²
- 延床面積／130m²
- 完成年／2010年11月
- 担当／新貝孝之

ギャラリーやなせ（改修）

- 用途／店舗併用住宅
- 所在地／京都府京都市北区紫野南舟岡町61-28
- 施工／ツキデ工務店
- 構造／木造伝統工法
- 規模／地上2階
- 敷地面積／145m²
- 建築面積／96m²
- 延床面積／127m²
- 完成年／2015年9月
- 担当／吉田隆人

能登のゲストハウス（改修）※

- 用途／ゲストハウス
- 所在地／石川県輪島市門前町門前
- 施工／茶花工務店
- 構造／木造
- 規模／地上2階
- 敷地面積／ 442m²
- 建築面積／ 186m²
- 延床面積／ 289m²
- 完成年／ 2013年2月
- 担当／木村 暁、木村 彩

南三陸ミシン工房※

- 用途／工場
- 所在地／宮城県本吉郡南三陸町
- 施工／建築工房 創
- 構造／木造
- 規模／地上2階
- 敷地面積／ 410m²
- 建築面積／ 71m²
- 延床面積／ 104m²
- 完成年／ 2015年12月
- 担当／富永明日香
- 壁画／皆川 明

休寛荘※

- 用途／保養所
- 所在地／長野県北佐久郡
- 施工／藤巻工業
- 構造／鉄筋コンクリート造＋木造
- 規模／地下1階、地上3階
- 敷地面積／ 8,326m²
- 建築面積／ 192m²
- 延床面積／ 381m²
- 完成年／ 2013年9月
- 担当／木村 暁、木村 彩

新大阪ステーションホテル（改修）

- 用途／ホテル
- 所在地／大阪府大阪市東淀川区東中島
  1丁目16-6
- 施工／羽根建築工房
- 構造／鉄骨鉄筋コンクリート造
- 規模／地上7階＋塔屋1階
  （改修部：3～6階18室）
- 敷地面積／ 503m²
- 建築面積／ 243m²
- 延床面積／ 1,331m²（改修部：676m²）
- 完成年／ 2014年7月
- 担当／大橋園子
- グラフィックデザイン／佐久間 年春

※印は見学不可

クレジット

写真・図版提供
吉田隆人／ p.136
佐藤陽一／ p.145
中村好文／ p.164左、pp.228-231
小泉 誠／ pp.226-227
松本市美術館／ pp.232-233
酒井広司／ pp.234-237
ギャラリーエークワッド（写真提供）、雨宮秀也（撮影）／ pp.242-243
上記以外の図版すべて／レミングハウス
上記以外の写真すべて／雨宮秀也

中村好文　なかむら・よしふみ

建築家・家具デザイナー

1948年千葉県生まれ。1972年武蔵野美術大学建築学科卒業。設計事務所勤務の後、都立品川職業訓練所木工科で家具製作を学ぶ。1981年レミングハウス設立。1987年「三谷さんの家」で第1回吉岡賞受賞。1993年「一連の住宅作品」で第18回吉田五十八賞「特別賞」受賞。1999年より日本大学生産工学部建築工学科教授。著書に『住宅巡礼』、『住宅読本』、『意中の建築 上・下巻』（以上新潮社）、『住宅巡礼・ふたたび』（筑摩書房）、『中村好文 普通の住宅、普通の別荘』（TOTO出版）、『暮らしを旅する』（ベストセラーズ）などがある。

雨宮秀也　あめみや・ひでや

写真家

1959年東京都生まれ。日本大学芸術学部写真学科卒業。写真家梅田正明氏に師事後独立。陶器、漆器、家具など生活にかかわるプロダクトを主に撮影。中村好文デザインの家具「PERCH BENCH」を機会に『Lemm Hut』を撮影。そのまま中村建築に魅せられ、『中村好文 普通の住宅、普通の別荘』、『中村好文 小屋から家へ』（TOTO出版）本書写真を担当。2011年に中村好文の設計による自宅兼スタジオが完成。

中村好文　集《つど》いの建築、円《まど》いの空間

2017年5月24日　初版第1刷発行
2024年6月20日　初版第2刷発行

著者／中村好文
写真／雨宮秀也
発行者／渡井 朗
発行所／TOTO出版（TOTO株式会社）
〒107-0062　東京都港区南青山1-24-3
TOTO乃木坂ビル2F
［営業］TEL. 03-3402-7138　FAX. 03-3402-7187
［編集］TEL. 03-3497-1010
URL: http://www.toto.co.jp/publishing/
デザイン／山口信博＋宮巻 麗
印刷・製本／株式会社東京印書館

Printed in Japan
ISBN978-4-88706-366-2